ALFABETIZAÇÃO DE CRIANÇAS

Editora Appris Ltda.
1.ª Edição - Copyright© 2025 do autor
Direitos de Edição Reservados à Editora Appris Ltda.

Nenhuma parte desta obra poderá ser utilizada indevidamente, sem estar de acordo com a Lei n°
9.610/98. Se incorreções forem encontradas, serão de exclusiva responsabilidade de seus organizadores. Foi realizado o Depósito Legal na Fundação Biblioteca Nacional, de acordo com as Leis nᵒˢ
10.994, de 14/12/2004, e 12.192, de 14/01/2010.

Catalogação na Fonte
Elaborado por: Josefina A. S. Guedes
Bibliotecária CRB 9/870

S676a
2025
	Soares Neto, Manoel Amador
	    Alfabetização de crianças / Manoel Amador Soares Neto. –
	1. ed. – Curitiba: Appris, 2025.
	132 p. ; 21 cm. – (Educação. Políticas e debates).
	
	Inclui bibliografia.
	ISBN 978-65-250-7779-6
	
	1. Alfabetização. 2 Crianças. 3. Educação – Política pública.
	I. Título. II. Série.
	
	                                                            CDD – 372.4

Livro de acordo com a normalização técnica da ABNT

Appris
editorial

Editora e Livraria Appris Ltda.
Av. Manoel Ribas, 2265 – Mercês
Curitiba/PR – CEP: 80810-002
Tel. (41) 3156 - 4731
www.editoraappris.com.br

Printed in Brazil
Impresso no Brasil

Manoel Amador Soares Neto

ALFABETIZAÇÃO DE CRIANÇAS

Appris
editora

Curitiba, PR
2025

FICHA TÉCNICA

EDITORIAL | Augusto Coelho
Sara C. de Andrade Coelho

COMITÊ EDITORIAL E CONSULTORIAS

Ana El Achkar (Universo/RJ)
Andréa Barbosa Gouveia (UFPR)
Antonio Evangelista de Souza Netto (PUC-SP)
Belinda Cunha (UFPB)
Délton Winter de Carvalho (FMP)
Edson da Silva (UFVJM)
Eliete Correia dos Santos (UEPB)
Erineu Foerste (Ufes)
Fabiano Santos (UERJ-IESP)
Francinete Fernandes de Sousa (UEPB)
Francisco Carlos Duarte (PUCPR)
Francisco de Assis (Fiam-Faam-SP-Brasil)
Gláucia Figueiredo (UNIPAMPA/ UDELAR)
Jacques de Lima Ferreira (UNOESC)
Jean Carlos Gonçalves (UFPR)
José Wálter Nunes (UnB)
Junia de Vilhena (PUC-RIO)

Lucas Mesquita (UNILA)
Márcia Gonçalves (Unitau)
Maria Margarida de Andrade (Umack)
Marilda A. Behrens (PUCPR)
Marília Andrade Torales Campos (UFPR)
Marli C. de Andrade
Patrícia L. Torres (PUCPR)
Paula Costa Mosca Macedo (UNIFESP)
Ramon Blanco (UNILA)
Roberta Ecleide Kelly (NEPE)
Roque Ismael da Costa Güllich (UFFS)
Sergio Gomes (UFRJ)
Tiago Gagliano Pinto Alberto (PUCPR)
Toni Reis (UP)
Valdomiro de Oliveira (UFPR)

SUPERVISORA EDITORIAL | Renata C. Lopes

PRODUÇÃO EDITORIAL | Bruna Holmen

REVISÃO | Bruna Fernanda Martins

DIAGRAMAÇÃO | Andrezza Libel

CAPA | Mariana Brito

REVISÃO DE PROVA | William Rodrigues

COMITÊ CIENTÍFICO DA COLEÇÃO EDUCAÇÃO — POLÍTICAS E DEBATES

DIREÇÃO CIENTÍFICA Andréa Barbosa Gouveia

CONSULTORES

Amarildo Pinheiro Magalhães - IFPR
Ângela Mara de Barros Lara - UEM
Angelo Ricardo de Souza - UFPR
Cláudia Cristina Ferreira - UEL
Dalva Valente - UFPA
Denise Ismênia Grassano Ortenzi - UEL
Edcleia Aparecida Basso - UNESPAR
Fabricio Carvalho - UFPA
Fernanda Coelho Liberali - PUC-SP
Geovana Lunardi - UDESC
Gilda Araujo - UFES
Gladys Barreyro - USP
Juca Gil - UFRGS

Magna Soares - UFRN
Marcia Jacomini - USP
Marcos Alexandre Santos Ferraz - UFPR
Maria Dilnéia Espíndola - UFMS
Maria Vieira Silva - UFU
Marisa Duarte - UFMG
Nalu Farenzena - UFRGS
Odair Luiz Nadin - UNESP
Regina Cestari - UCDB
Rosana Evangelista Cruz - UFPI
Rosana Gemaque - UFPA
Savana Diniz - UFMG

INTERNACIONAIS

Fernanda Saforcada – Universidade de Buenos Aires - Argentina
Gabriela Vilariño – Universidade de Lujan - Argentina
Jorge Alarcón Leiva – Universidade de Talca - Chile
Rosa Serradas Duarte - Universidade Lusófona de Lisboa - Portugal

A alfabetização proporciona a leitura da palavra escrita, ampliando o conhecimento sobre o mundo. E o conhecimento adquirido modifica a visão das pessoas sobre a realidade.

AGRADECIMENTOS

Gratidão à minha família, que sempre esteve ao meu lado; aos meus colegas da educação, cuja dedicação inspira minha jornada; aos meus alunos e suas famílias, que, com sua confiança e parceria, dão sentido ao meu trabalho.

APRESENTAÇÃO

Você começou a leitura deste livro e, dessa forma, pode-se afirmar que você é uma pessoa alfabetizada. Pode-se presumir, também, que você sabe o que é a alfabetização e o que é o analfabetismo. Em outras palavras, você sabe o que é uma pessoa alfabetizada e o que é uma pessoa analfabeta.

Ora, se você, eu e a maioria das pessoas, inclusive as não alfabetizadas, sabemos, de forma geral, em que implica o fenômeno do alfabetismo e do analfabetismo, depreende-se, facilmente, que todas as pessoas, envolvidas no processo de educação formal das crianças, jovens e adultos, o reconheçam imediatamente.

Em se reconhecendo o fenômeno, portanto, todas as pessoas têm, ainda que superficialmente, concepções sobre os processos ligados à aprendizagem da leitura, pelos sujeitos aprendizes; e sobre estratégias e métodos de ensino, que promovam a alfabetização, especialmente aquelas envolvidas na educação formal – do(a) professor(a) ao(à) gestor(a) municipal.

Apesar dessa consciência, milhões de brasileiros, inclusive aqueles recém-saídos de sala de aula, permanecem na condição de pessoas analfabetas, e são incapazes de ler e escrever textos com informações simples – algo natural para as pessoas alfabetizadas.

Tem-se aqui, claramente, um problema que afeta todas essas sociedades, inclusive a sociedade brasileira, em pleno século XXI – o século da informação –, que é o de alfabetizar e letrar todas as pessoas habitantes dessas sociedades.

Constatado o problema, tem-se um claro desafio. Como fazer? Como garantir a alfabetização de todas as pessoas? Como alfabetizar todas as crianças brasileiras? É possível? Por que ainda não vencemos esse desafio? Neste livro, você encontrará reflexões e apontamentos sobre essas perguntas.

Sou professor de turmas iniciais do ensino fundamental há 25 anos e, nesse período, contando com a parceria de colegas educadores, colaborei na alfabetização de dezenas de estudantes em turmas do 4.º e 5.º anos do ensino fundamental, que chegaram a essas séries sem as habilidades básicas de leitura e escrita.

É com base nessa experiência, aliada ao estudo de diferentes autores da área e de uma pesquisa realizada na rede municipal de ensino de São Tomé, nos anos de 2013 a 2015, que farei reflexões sobre essa temática, e farei um esforço para apontar caminhos factíveis de serem trilhados, em especial, pelas redes públicas de ensino, visando à garantia da alfabetização de todas as crianças matriculadas em nossas escolas. Ao ler esta obra, você não terá uma receita pronta para ensinar o bê-á-bá da alfabetização, mas estará bem mais informado; seja você estudante, pesquisador, professor, coordenador pedagógico, diretor de escola, familiar, gestor público ou pessoa interessada no assunto; e, dessa forma, poderá discutir e propor medidas, nesse campo, com autoridade e conhecimento.

LISTA DE SIGLAS

Asphe	Associação Sul-Rio-Grandense de Pesquisadores em História da Educação
ANA	Avaliação Nacional de Alfabetização
CNE	Conselho Nacional de Educação
Fundeb	Fundo de Desenvolvimento da Educação Básica
Ideb	Índice de Desenvolvimento da Educação Básica
IDH	Índice de Desenvolvimento Humano
IBGE	Instituto Brasileiro de Geografia e Estatística
ICE	Instituto do Cérebro
IINN-ELS	Instituto Internacional de Neurociências de Natal Edmond e Lily Safra
Inep	Instituto Nacional de Estudos e Pesquisas Educacionais
LDB	Lei de Diretrizes e Bases da Educação Nacional
MEC	Ministério da Educação
Unesco	Organização Educacional Científica e Cultural das Nações Unidas
PCN	Parâmetros Curriculares Nacionais
PDE	Plano de Desenvolvimento da Educação
PNE	Plano Nacional de Educação
Pnad	Pesquisa Nacional por Amostra de Domicílios
PIB	Produto Interno Bruto

PBA	Programa Brasil Alfabetizado
PNAIC	Programa de Alfabetização na Idade Certa
Pró-Letramento	Programa de Formação Continuada de Professores das Séries Iniciais do Ensino Fundamental
Profa	Programa de Formação de Professores Alfabetizadores
PNBE	Programa Nacional Biblioteca da Escola
PNLD	Programa Nacional do Livro Didático
SAB	Semiárido Brasileiro
TIC	Tecnologias da Informação
UCS	Universidade de Caxias do Sul
UFRN	Universidade Federal do Rio Grande do Norte

SUMÁRIO

PARTE 1
ASPECTOS TEÓRICOS E PRÁTICOS REFERENTES À ALFABETIZAÇÃO DE CRIANÇAS

CAPÍTULO 1
INTRODUÇÃO 19
Motivação 23
Organização da obra 24

CAPÍTULO 2
IMPACTOS DO SURGIMENTO DA FALA E DA ESCRITA NA EDUCAÇÃO E NA COMUNICAÇÃO 27
Educação e comunicação: da oralidade à escrita 27
Repercussões do surgimento da fala e da escrita 29

CAPÍTULO 3
ALFABETIZAÇÃO DE TODOS: UMA QUESTÃO INADIÁVEL 33
Os processos de alfabetização no contexto do PNAIC 37
Desafios e Avanços na Alfabetização: Um Panorama Crítico no Brasil e no Rio Grande do Norte 41
No Brasil 43
No Rio Grande do Norte 45
No Município de São Tomé 46

CAPÍTULO 4
ALFABETIZAÇÃO: MÉTODOS, ENFOQUES E ABORDAGENS 49
Sobre os métodos de alfabetização 50
A neurociência e a educação: experiência no RN 52
A linguística 58
As novas tecnologias 60

PARTE 2
CAMINHOS METODOLÓGICOS, RESULTADOS E CONSIDERAÇÕES FINAIS

CAPÍTULO 5
PERCURSO DA PESQUISA 69
Amostra da Pesquisa 69
Descrição do Contexto de Pesquisa 70
Sujeitos participantes da pesquisa 70
Coleta de Dados 71
Contexto das escolas pesquisadas 71
Método da Pesquisa 72
Procedimentos para análise e interpretação de dados 73
Confiabilidade e extensão ou aplicabilidade da pesquisa 73
Fases da Pesquisa 74
Detalhes dos Dados Coletados 75

CAPÍTULO 6
AS CONCEPÇÕES E PERCEPÇÕES DOS PROFISSIONAIS DA EDUCAÇÃO SOBRE A ALFABETIZAÇÃO E O PNAIC 77
Concepções dos Professores sobre a Alfabetização 80
A Questão dos Métodos 83
Estratégias de Ensino 84
Atenção e Participação dos Alunos 89
A motivação do Aluno 90
O Papel da Família e a Dimensão do Direito 92
O Reforço Escolar e o Mais Educação 96
O planejamento e o Tempo escolar 100
Recursos Pedagógicos 102
Número de alunos por sala 102
Currículo formal e alfabetização 105
Formação continuada no contexto do PNAIC 107
Planejamento escolar no contexto do PNAIC 110
O papel e a visão do coordenador pedagógico escolar 112

CAPÍTULO 7

IMPACTOS DO PNAIC NA ALFABETIZAÇÃO DAS CRIANÇAS: DADOS DOS PROFESSORES E DA ANA 113

Indicadores do PNAIC: avaliação dos professores do 4.º ano..........................113

Indicadores do impacto do PNAIC: dados da ANA 115

Dados Gerais da Rede – Nível I em Leitura e Escrita..115

Dados Gerais da Rede – Níveis III e IV em Leitura e Escrita 117

CAPÍTULO 8

O QUE FAZER PARA ALFABETIZAR TODAS AS CRIANÇAS? 119

REFERÊNCIAS 121

Parte 1

Aspectos teóricos e práticos referentes à alfabetização de crianças

Capítulo 1

INTRODUÇÃO

Há um consenso, pelo menos no campo da retórica, sobre a importância da educação para a evolução da civilização, embora existam, sem dúvida, diferenças em relação ao modelo educacional e seus objetivos. A evidência dessa contradição é a persistência do analfabetismo, que afeta milhões de pessoas ao redor do mundo no século XXI, criando barreiras significativas para a vida pessoal de cada indivíduo que enfrenta essa situação, assim como para o progresso das nações a que pertencem. Essa última parte da afirmação suscita debates entre especialistas, como Harvey Graff, que relativizam essa visão sobre o impacto socioeconômico do analfabetismo (Galvão, 2013). Contudo apesar dessa linha de argumentação proposta por Graff, é crucial enfatizar que a compreensão sobre a relação entre alfabetização e o avanço do indivíduo na sociedade, e o desenvolvimento da própria sociedade, é de extrema relevância.

Por conta desses e de outros fatores que também exercem grande atratividade, inclusive para o modelo capitalista de produção, a alfabetização emerge como um pilar essencial nas políticas impulsionadas por organismos internacionais. Essa realidade se torna evidente com a proclamação da década da educação, pois os elevados índices de alfabetização e a percepção de que os baixos níveis de desenvolvimento em determinadas nações estão intrinsecamente ligados ao analfabetismo ganham destaque.

Na chamada "Era da Informação" ou "Era do Conhecimento", um período que se entrelaça com a crescente urbanização das sociedades contemporâneas, essa temática ganha relevância ainda maior, pois a essência das redes de comunicação humana, no contexto atual, encontra-se, mais do que nunca, fundamentada na leitura e na escrita. Diante desse cenário, tornar-se alfabetizado se revela uma condição indispensável para dissipar o estigma que envolve aqueles que enfrentam a realidade da falta de letramento.

Nesse cenário em que a escrita, por meio das inovadoras maneiras de sua reprodução, se encontra presente em todos os lugares, eclipsando amplamente a linguagem oral, devido à sua manifestação em livros, revistas, documentos, celulares, internet, mídias, redes sociais e muito mais, ela conquista um espaço ainda maior na comunicação humana nas mais diversas regiões.

Dessa forma, a existência dos marginalizados em relação a esse patrimônio cultural e social tornou-se mais intrincada e complicada, sem contar a dificuldade de acesso a fontes de informação e conhecimento, que estão presentes em uma variedade de formatos e veiculadas por textos em linguagem escrita.

Assim, não importa a dimensão ou a importância econômico-social da comunidade, seja ela rural ou urbana, praticamente todos os habitantes do planeta Terra já tiveram contato com a escrita e vivenciaram experiências, de maior ou menor relevância, com essa tecnologia. Como bem destaca Queiroz (2005, p. 8):

> [...] todas as ações do homem estão postas no papel: sua literatura, sua ciência, seu direito, sua religião, etc. Tudo isso se constitui em artefatos da escrita. "O homem, suas ideias e seu mundo são vistos através desses artefatos" e isso eleva o desafio em democratizar o acesso a todos os cidadãos do mundo.

É necessário observar que, ao contrário da oralidade, o mero contato com o código escrito, apesar de sua importância nas interações e práticas sociais, não assegura a sua compreensão plena pelo indivíduo. Isso frequentemente demanda processos de ensino sistemáticos e estruturados, além de um ambiente propício que favoreça essa aprendizagem.

Como garantir que todos tenham a oportunidade de se alfabetizar e explorar essa questão de maneira ampla, levando em conta sua complexidade, é um desafio significativo que se impõe. Uma parte considerável das investigações e reflexões sobre alfabetização se concentra nas metodologias e concepções de ensino e aprendizado. De maneira geral, a responsabilidade pelo êxito, mas principalmente pelo fracasso desse processo recai sobre o educador, enquanto outros fatores acabam sendo relegados a um segundo plano, apesar da importância fundamental que possuem para a eficácia dos processos de alfabetização das crianças.

Os programas que historicamente foram e ainda são direcionados pelo estado brasileiro, especialmente aqueles sob a coordenação do Ministério da Educação (MEC), com a finalidade de erradicar o analfabetismo, como o Programa de Formação de Professores Alfabetizadores (Profa), o Programa de Formação Continuada de Professores das Séries Iniciais do Ensino Fundamental (Pró-Letramento) e a Provinha Brasil, impõem um peso significativo sobre as ações que cabem às escolas. Contudo, geralmente, negligenciam a urgência de promover mudanças estruturais e profundas em aspectos que influenciam o cenário educacional.

Deve-se pontuar, no entanto, a existência de programas e medidas governamentais que seguem essa abordagem, e apontam para questões estruturais, tais como o Programa Brasil Alfabetizado (PBA – alfabetização de Adultos/MEC), que dispensa algumas formalidades, proporcionando a ida do professor alfabetizador ao local onde estão as pessoas a serem alfabetizadas; o Bolsa Família com seus condicionantes de frequência regular à escola (Programa Social/Ministério do Desenvolvimento Social); o Fundo de Desenvolvimento da Educação Básica (Fundeb), que determinou a destinação de recursos para financiar o ensino em todos os níveis da educação básica, desde a educação infantil; o estabelecimento do ensino fundamental de nove anos, que tornou obrigatória a frequência da criança à escola, a partir dos 6 anos de idade; o Plano de Desenvolvimento da Educação (PDE), que reuniu, a partir de 2007, um conjunto de programas, voltados para a educação básica, no apoio a ações de estados e municípios, tendo como ícone o Plano de Ações Articuladas, dentre outras.

No que pese essas ações, é evidente a necessidade de se introduzir novos elementos em torno da questão da erradicação do analfabetismo infantil, a começar pelas investigações, que precisam conferir maior relevância a fatores, para além dos métodos de ensino, de estratégias pedagógicas e do desempenho da função docente. Isso não implica inverter a lógica, e desconsiderar o papel da didática e da pedagogia, mas buscar uma equalização para melhor entender o fenômeno. Neste trabalho, portanto, a meta central é uma tentativa de ampliar a visão sobre o fenômeno da alfabetização, levando em conta o contexto socioeconômico-cultural, além dos fatores organizacionais e estruturais do sistema de ensino público que impactam diretamente nesse processo.

Fez-se necessário, portanto, marcar, com destaque, as conexões desses outros aspectos, mencionados anteriormente, com a estrutura e organização social vigente em nosso país, permeada pelo modo capitalista de produção. Assim, considerar as condições que circundam o estudante, sua vida familiar e social, e as condições em que se dá o ensino, é indispensável para um entendimento mais profundo da questão, como também para a apresentação de eventuais proposições que visem corrigir rumos e melhorar a qualidade da educação fundamental. Corroborando esse pensamento, Campos (2014, p. 25) afirma que a baixa qualidade do ensino se deve em parte às desigualdades sociais:

> [...] o fracasso dos nossos sistemas educativos também se deve em parte à gritante concentração de riqueza. Essa realidade, divulgada pelos indicadores, apresenta 20% dos mais ricos detendo 65% de toda a renda do país, enquanto apenas 2% da renda nacional ficam com os segmentos mais pobres.

Nesse sentido foram abordados neste trabalho diversos temas, visando contemplar esse olhar multidisciplinar a respeito do assunto, investigando-se aspectos relacionados à organização e ao funcionamento da estrutura escolar; à família; aos métodos de ensino; a questões curriculares e de avaliação; políticas de apoio ao estudante e políticas públicas de forma geral.

Para alcançar esse objetivo, as estratégias metodológicas adotadas levaram em conta as informações coletadas na pesquisa e as conclusões derivadas, a partir de dados tanto quantitativos quanto qualitativos, além de procedimentos fundamentados na literatura a respeito da alfabetização infantil. Com isso, estabelece-se uma base sólida para a realização de um estudo que busque traçar um diagnóstico das iniciativas do Programa de Alfabetização na Idade Certa (PNAIC) no município de São Tomé (RN).

Acredita-se que as conclusões são passíveis de ampliação e possam ser adaptadas a diversas realidades, uma vez que buscam elucidar e traçar direções para que a alfabetização se torne acessível a todos, evidenciando que somente um conjunto coeso de ações pode garantir essa oportunidade a todas as crianças no momento apropriado.

Motivação

No que pese a redução dos índices de analfabetismo no Brasil e da relevância que é atribuída à alfabetização, em especial nas camadas mais jovens da população, os indicadores ainda demonstram índices de analfabetismo que podem ser considerados muito altos, principalmente, quando aqueles se referem ao público juvenil.

Como educador na área de alfabetização, atuando com turmas do 4.º e 5.º anos do ensino fundamental, estou profundamente ciente da relevância desse assunto para nossa prática. Ao mesmo tempo, percebo a carência de iniciativas em nível geral e municipal que visem à erradicação ou, pelo menos, uma drástica redução do analfabetismo infantil, dentro dos prazos estabelecidos nos planos decenais de educação.

Diante dessa realidade e da implementação pelo MEC do Programa Nacional de Alfabetização na Idade Certa (PNAIC), que se constituiu num empreendimento voltado para a área da alfabetização, em dimensão nacional, ousado em suas metas, resolvi investigar a problemática na perspectiva de uma visão abrangente e multifatorial.

Esta obra visa, de maneira geral, avaliar como o PNAIC afetou os níveis de alfabetização dos estudantes nas séries iniciais. Além disso, busca, de forma mais específica, analisar as informações fornecidas pela Avaliação Nacional de Alfabetização (ANA) nos anos de 2013 e 2014; averiguar se o município atende aos requisitos definidos pelo programa; além de investigar se o município está adotando as normas e diretrizes da educação básica relacionadas à organização e ao funcionamento do ensino, no contexto do PNAIC.

Organização da obra

Esta obra é dividida em duas partes fundamentais. A parte 1, intitulada Aspectos Teóricos e Práticos Referentes à Alfabetização de Crianças, é composta por 4 capítulos e trata dos fundamentos teóricos e práticos relacionados à alfabetização infantil.

O capítulo 1 apresenta uma visão geral do tema, destacando sua relevância na atualidade. A introdução começa com uma breve explanação sobre o objeto de estudo, abordando o problema do analfabetismo em diversas faixas etárias, com ênfase na infância. Em seguida, são discutidas as razões que motivaram a escolha do tema, os objetivos gerais e específicos da pesquisa, e a organização do trabalho, oferecendo ao leitor um panorama do que será abordado nas seções subsequentes.

O capítulo 2 explora a profunda conexão entre o desenvolvimento da linguagem (fala e escrita) e a evolução da educação e da comunicação na sociedade. São discutidos os impactos históricos e culturais do surgimento da fala e da escrita, e como esses elementos fundamentais moldaram os métodos educacionais e os processos comunicativos ao longo dos séculos e analisa como essas como essas mudanças influenciam a alfabetização infantil.

O capítulo 3 enfatiza a necessidade de se alcançar a alfabetização de todas as crianças, dentro de um curto espaço de tempo, a partir de programas como o PNAIC (Pacto Nacional pela Alfabetização na Idade Certa). E oferecendo uma visão comparativa, com outros contextos, sobre os desafios e avanços na área da alfabetização.

E no capítulo 4 são detalhados os diversos métodos de alfabetização utilizados ao longo do tempo, incluindo uma análise das contribuições da neurociência e da educação para melhorar esses processos. São discutidas experiências práticas no Rio Grande do Norte (RN), oferecendo exemplos concretos de aplicação de métodos de ensino. Além disso, o capítulo aborda as contribuições da linguística e o papel das novas tecnologias no apoio ao processo de alfabetização, destacando as inovações mais recentes.

A parte 2, que possui como título Caminhos Metodológicos, Resultados e Considerações Finais, é composta por 4 capítulos e trata dos métodos da pesquisa, resultados e conclusões.

O capítulo 5 descreve o caminho metodológico seguido ao longo da pesquisa, detalhando as escolhas metodológicas e suas justificativas. É apresentado o planejamento do estudo de caso, incluindo a descrição dos procedimentos adotados na coleta e análise dos dados, e ressalta a importância de cada abordagem para o estudo.

O capítulo 6 analisa os dados qualitativos coletados ao longo da pesquisa. A análise começa com a contextualização das unidades de análise e uma descrição dos métodos de coleta de dados qualitativos. Os resultados são apresentados de maneira detalhada, seguidos por uma discussão sobre as implicações dos achados para a alfabetização infantil, práticas educacionais e políticas públicas a ações.

No capítulo 7 fez-se uma análise quantitativa do capítulo, e complementa a análise qualitativa, realizada no capítulo anterior, oferecendo uma perspectiva numérica sobre os resultados da pesquisa.

E no capítulo 8, finalizando a obra, tem-se os desafios enfrentados pelo município de São Tomé para atingir a meta de alfabetizar todas as crianças até os 8 anos de idade e analisam-se os resultados do estudo, apresentando as conclusões e proposições, consideradas relevantes, para garantir a alfabetização de todas as crianças.

Capítulo 2

IMPACTOS DO SURGIMENTO DA FALA E DA ESCRITA NA EDUCAÇÃO E NA COMUNICAÇÃO

Educação e comunicação: da oralidade à escrita

A educação, enquanto meio de transmissão de ensinamentos, conhecimentos, técnicas etc., caminha ao lado da aventura humana na terra, visto que a sobrevivência do ser humano está diretamente ligada à capacidade de apreensão, pelas gerações mais jovens, dos mecanismos e instrumentos de intervenção no meio social e natural.

Esse processo de transmissão de saberes, conhecimentos e hábitos por meio da linguagem e da cultura constitui-se de uma forma geral no que se convencionou chamar de educação, independentemente das formas e métodos que se efetivem, com maior ou até nenhum grau de formalidade e independente do local, do tempo e do espaço. Na visão de Brandão (2013, p. 7):

> Ninguém escapa da educação. Em casa, na rua, na igreja ou na escola, de um modo ou de muitos, todos nós envolvemos pedaços da vida com ela: para aprender, para ensinar, para aprender-e-ensinar. Para saber, para fazer, para ser ou para conviver, todos os dias misturamos a vida com a educação.

A educação, portanto, se faz nas relações humanas e sociais ao longo do desenrolar das sociedades humanas na terra. Ocorre que as formas e meios de educar foram adquirindo novas conformações, passando por mudanças que atendem às necessidades objetivas de cada sociedade em dado momento histórico e social, observadas obviamente a organização e estruturação social e de produção delas. Manacorda (1989) sustenta que vêm do Egito os sinais mais evidentes de civilização e do desenvolvimento de práticas educacionais que possuem as origens do que vemos hoje, seja nas configurações formais ou informais, na família, nos meios sociais em geral ou nas instituições de ensino.

É importante observar, entretanto, que esse processo não ocorreu de forma linear e em todos os lugares. No Brasil, a título de exemplificação do discorrido supra, as primeiras formas de educação eram desenvolvidas pelos indígenas, dentro do seu ciclo vital, até que em 1500 com a chegada dos portugueses se iniciou um novo modelo de educação, concomitante ao *vivido* pelas sociedades primitivas, que fora operacionalizado pelas missões jesuíticas com a função de catequizar os índios à fé católica.

Até atingir o *modus operandi* atual, passamos por diversos modelos educacionais na sociedade brasileira, atualmente referenciados fortemente na educação escolar pública e gratuita, oferecida pelos órgãos governamentais. Nessa perspectiva a Secad/MEC (2006, p. 130):

> Os saberes ancestrais são transmitidos oralmente de geração em geração, permitindo a formação de músicos, pintores, artesões, ceramistas ou cesteiros, além de todos saberem cultivar a terra e a arte de caçar e pescar. Os pais e os avós são os responsáveis por transmitir aos seus filhos ou netos, desde a mais tenra idade, a sabedoria aprendida de seus ancestrais. Assim, as crianças desde cedo vão aprendendo a assumir desafios e responsabilidades que lhes permitam inserir-se na vida social e o fazem, principalmente, por meio da observação, da experiência empírica e da autorreflexão proporcionadas por mitos, histórias, festas, cerimônias e rituais realizados para tal fim. Os bons exemplos dos pais, dos irmãos mais velhos e dos líderes comunitários são fundamentais para o desenvolvimento do caráter, das atitudes, dos

comportamentos, das virtudes e das habilidades técnicas de uma pessoa, indispensáveis para a vida individual e a boa convivência social.

Já a educação pública, modelo preponderante no Brasil, conforme Lopes (2008), tem suas origens demarcadas na Revolução Francesa e configura-se, na visão deste trabalho, como um dos momentos da evolução da educação no sentido geral, podendo-se considerar a forma mais evoluída em face da sua natureza, que converge com as necessidades, diversidade e pluralidade social, essenciais para a construção de um projeto de sociedade.

Em constante construção/desconstrução; continuidades/ descontinuidades; consensos/dissensos; apoio/oposição; a educação pública, de responsabilidade do estado e da sociedade, vai se fazendo e refazendo, consolidando-se ou se fragmentando, assim é a educação pública que apesar de todos esses movimentos, no Brasil, tem notadamente avanços e um alcance de maior amplitude, ainda que se discuta, como aqui, fortemente, a questão da qualidade para todos.

Repercussões do surgimento da fala e da escrita

No florescer da aventura humana na terra, a comunicação entre os membros das sociedades primitivas se dava essencialmente por mímicas, gestos e sons característicos e familiares a cada grupo. A linguagem ou comunicação entre os humanos ocorria de forma bastante primitiva e limitava-se em grande parte, provavelmente, à transmissão de informações do mundo concreto e imediato. Para Defleur e Rokeach (1993, p. 23), na evolução da comunicação humana foi

> [...] provavelmente a Era dos Símbolos e Sinais, começando bem cedo na progressão da vida pré--hominídea e proto-humana, muito antes de nossos ancestrais primitivos caminharem erectos. A princípio, tais seres pré-humanos se comunicavam como o fazem outros mamíferos. Respostas her-

dadas ou instintivas exerceram papel significativo em tal comunicação, e o comportamento adquirido através de comunicação era mínimo. À medida que a capacidade cerebral lentamente aumentou, essa importância foi invertida. Literalmente passaram-se milhões e milhões de anos antes de se tornar possível adotar pelo menos alguns gestos, sons e outros tipos de sinais padronizados – isto é, apreendidos e compartilhados – que pudessem ser utilizados por gerações sucessivas para se dedicarem às trocas básicas necessárias a uma vida social. Mas isso não era a fala. Muitos animais utilizam gritos, berros e posturas corporais a fim de assinalar perigo, a presença de comida, disposição para acasalar a caçada coordenada. Conforme a capacidade de aprendizagem foi crescendo ao longo de milhões de anos de evolução pré-humana, sistemas de comunicação baseados em símbolos e sinais sem dúvida foram ficando cada vez mais elaborados, convencionados, e, de fato, efetivados.

Percebe-se assim que uma das grandes evoluções na comunicação humana aconteceu, indubitavelmente, com o surgimento da fala que permitiu amplas possibilidades de interações entre os seres humanos, alterando profundamente as relações humanas e a capacidade de criação e reprodução de conhecimentos acumulados culturalmente. A fala é um instrumento de comunicação tão importante que alguns grupos humanos mantêm forte tradição oral, a despeito da presença da escrita por todas as partes. É por meio da palavra que o humano incorpora as características culturais da formação humana. Para Marconi e Presott (2011, p. 288):

> A anterioridade da espécie humana, ou seja, sua condição primata caracteriza-se pela ausência da fala" [...] A natureza humana se completou a partir do desenvolvimento cerebral que capacitou o homem a emitir sons específicos para expressar seus pensamentos, sentimentos, necessidades e meios protetores. É de supor que com essa evolução dos primeiros homens tenha surgido a reflexão

exteriorizada de formas diferenciadas, das quais se tem pouquíssimas evidências. Como saber, se não há fósseis de palavras! Fala articulada, capacidade de expressão, aprendizado imediato e a transmissão dos conhecimentos adquiridos evidenciam que a linguagem é o grande fator adaptativo, próprio e natural dos homens.

Mas apesar do avanço proporcionado pela fala na comunicação humana, a escrita, pelas características inerentes a sua formatação e funcionamento, assumiu uma relevância extraordinária nesse processo, abrindo espaço para o acúmulo e recuperação de informações, histórias, conhecimentos e aprendizados construídos historicamente. A escrita surge "[...] há cinco mil anos" (Coulmans, 2014, p. 17); "[...] no mundo antigo, num momento histórico caracterizado pelo desenvolvimento simultâneo de uma série de elementos diversos, a que chamamos de civilização" (Barbosa, 1994, p. 34). A importância conferida à escrita é inquestionavelmente muito forte. Mas o que a fez surgir? Para Coulmans (2014, p. 23):

Uma das duas respostas a essa pergunta tem a ver com a escrita como mídia e com nossos sentidos; a outra tem a ver com o poder. "Ver para crer", diz o provérbio. A demonstração concreta é convincente para nós e, de todos os nossos sentidos, embora seja o mais propenso ao engano, nossa visão é o que goza de maior confiança. Podemos ver isso como uma prova da imensa importância da visão na vida, sobrevivência e adaptação dos seres humanos ao ambiente, o que, talvez, também nos leve a atribuir mais importância à palavra escrita do que à falada.

Com o surgimento da escrita, emerge, consequentemente, a necessidade de ampliar a compreensão da tecnologia pelos seres humanos, pois ela oferece uma nova maneira de comunicação entre as pessoas, influenciando os variados setores da vida, incluindo as relações laborais, especialmente com o advento dos processos de industrialização que demandavam trabalhadores capazes de interpretar pequenos textos sobre o funcionamento de máquinas e a observância de normas. O desenvolvimento de diversas regiões da humanidade, portanto, teria enfrentado sérios obstáculos, conforme aponta Barbosa (1994), se não houvesse o surgimento da escrita, devido à complexidade inerente a esses processos de evolução.

Com as transformações e a modernização da sociedade mundial por meio da ciência e dos avanços tecnológicos e da cidadania, esse instrumento tornou-se algo imprescindível para a vida de todas as pessoas, considerando que uma pessoa incapaz de dominar os códigos do alfabeto, de forma competente, ficará à margem de um conjunto de avanços e conquistas da humanidade, veiculadas pela escrita.

Capítulo 3

ALFABETIZAÇÃO DE TODOS: UMA QUESTÃO INADIÁVEL

Conforme foi abordado no capítulo anterior, o surgimento da escrita, aliado aos contextos socioeconômicos e culturais estabeleceram naturalmente uma crescente demanda em torno da apreensão do alfabeto/leitura pelos seres humanos nas sociedades modernas, tornando-se um conhecimento de tal valor que passa a ser reconhecido e destacado por organizações em nível planetário, embora se deva saber que "[...] o modelo escolar de alfabetização tal como concebemos até hoje, venha da escola de Jules Ferry (década de 1880)" (Barbosa, 1994, p. 16).

Esse movimento, centrado na temática, tem como um de seus marcos significativos a criação, pela Organização Educacional Científica e Cultural das Nações Unidas (Unesco), do Dia Internacional da Alfabetização. Instituído em 1967, durante o Congresso Mundial de Ministros da Educação sobre a Erradicação do Analfabetismo, realizado em Teerã, em 1965, essa data é celebrada no dia 8 de setembro. O objetivo é ressaltar a relevância do tema para o avanço das sociedades, buscando estabelecer compromissos em relação a essa questão em uma escala global.

Mas o que vem ser a alfabetização? Tradicionalmente, a alfabetização é entendida como a competência de um indivíduo em decodificar e codificar signos linguísticos, ou seja, a competência de ler e escrever de forma básica, mas com fluência e entendimento. Segundo o Instituto Brasileiro de Geografia e Estatística (IBGE), por exemplo, considera-se alfabetizadas aquelas pessoas que conseguem ler e escrever, ao menos, um bilhete simples no idioma que dominam, conforme indicado no glossário da página de séries históricas e estatísticas da instituição, apresentadas no quadro a seguir:

Quadro 1 – Critérios utilizados pelo IBGE para identificar o grau de alfabetização

CENSO DEMOGRÁFICO 1991	PESSOA CAPAZ DE LER E ESCREVER PELO MENOS UM BILHETE SIMPLES NO IDIOMA QUE CONHECE.
PNAD 1976-1994	PESSOA DE 5 ANOS E MAIS QUE SABE LER E ESCREVER UM RECADO OU BILHETE SIMPLES NO IDIOMA QUE CONHECE.
PNAD 1995-1999	PESSOA CAPAZ DE LER E ESCREVER PELO MENOS UM BILHETE SIMPLES NO IDIOMA QUE CONHECE.

Fonte: IBGE, 2015

Entretanto, como qualquer conceito, o conceito de alfabetização foi permeado no processo histórico por elementos que inserem aspectos relacionados ao sentido lógico dos textos escritos, às suas funções sociais, à necessidade de interpretação e compreensão; destacando, portanto, a necessidade da aquisição contextualizada e tecnicamente avançada dos elementos constitutivos e funcionais da leitura e da escrita. Como nos fala Silva (2007, p. 8), sobre o avanço do conceito sobre alfabetização:

> Inventamos a palavra e o conceito de letramento, desinventamos a alfabetização, reinventamos a alfabetização (Soares 2003). A alfabetização entendida como decodificação e codificação de sons em letras já não é suficiente no mundo contemporâneo. A grande divisa entre ser ou não ser alfabetizado é questionada. Modos de lidar com o conhecimento da cultura escrita, legitimados como únicos e com o poder de ignorar os diferentes, apresentam-se em configurações diversas, interpenetrados, embaralhados, tocando-se uns nos outros. O conceito de letramento imbrica-se no conceito de alfabetização e vice-versa, são processos com dimensões, facetas, naturezas diversas, mas também interdependentes, indissociáveis.

Tais mudanças e eventuais conflitos conceituais e pragmáticos são perceptíveis, inclusive, nas próprias instâncias do estado brasileiro, pois, enquanto o IBGE trata da alfabetização numa perspectiva mais restrita, o órgão brasileiro responsável pela educação no país, o MEC (2012, p. 8), possui uma compreensão mais ampliada, como se pode observar no contexto do contexto do PNAIC sobre alfabetização:

> As crianças precisam ter a compreensão do funcionamento do sistema de escrita; o domínio das correspondências grafo-fônicas, mesmo que dominem poucas convenções ortográficas irregulares e poucas regularidades que exijam conhecimentos morfológicos mais complexos; a fluência de leitura e o domínio de estratégias de compreensão e de produção de textos escritos.

Essa diferença de percepções se manifesta tanto nas avaliações do país quanto nas avaliações realizadas em âmbito internacional. À parte dessa discussão, os dados da Unesco (2003) revelam no Relatório da Missão Especial sobre Métricas de Aprendizado (do inglês *Learning Metrics Task Force*) que:

> [...] no mundo, pelo menos 250 milhões de crianças em idade escolar não são capazes de ler, escrever ou contar bem o suficiente para atender aos padrões mínimos de aprendizagem. Esses dados incluem meninos e meninas que passaram pelo menos quatro anos na escola.

No Brasil, os dados da Pesquisa Nacional por Amostra de Domicílios (PNAD) (2011) indicam que o índice de analfabetismo era de 8,6% e apenas metade das crianças de 8 anos era plenamente alfabetizada, conforme a prova ABC 2011, realizada por meio de uma parceria do Instituto Nacional de Estudos e Pesquisas Educacionais (Inep); do Todos pela Educação; do Instituto Paulo Montenegro e da Fundação Cesgranrio.

Esses resultados levantam a discussão central deste trabalho, que refletirá sobre as causas desses índices que demonstram que a sociedade internacional e o Brasil ainda não obtiveram sucesso na alfabetização de todas as crianças e no tempo adequado. Nesse viés, Cagliari (2007, p. 56), no capítulo intitulado "Alfabetização:

Duelo dos Métodos", que integra o livro organizado por Ezequiel Theodoro da Silva, ressalta a importância dos debates relacionados aos aspectos internos à escola, como o método, o professor e a família, assim como aos aspectos externos, envolvendo o governo, entidades, pessoas e a sociedade em geral, todos fundamentais nos processos de alfabetização.

Essa observação nos leva a ponderar sobre as iniciativas, estratégias e políticas direcionadas à alfabetização no Brasil, que foram marcadas por promessas e propostas, mas que, até agora, se mostraram insuficientes para alcançar o objetivo desejado. Naquele momento, o PNAIC se destacava como o programa mais ambicioso em nível nacional e, como era de se esperar, mais uma vez não alcançou o sucesso necessário.

Neste estudo, a alfabetização é considerada um percurso em que o indivíduo, desde os primeiros anos de sua existência, vai absorvendo sua essência e seu funcionamento, algo que se prolonga por toda a vida nas interações sociais. No entanto, a efetividade desse processo demanda que o sujeito desenvolva as habilidades tradicionais de leitura e escrita, com diferentes níveis de compreensão.

Defendo ainda que o sucesso do processo de ensino-aprendizagem depende da implantação de um plano de alfabetização que articule um conjunto de práticas e ações e de esforços, oriundas do contexto escolar e não escolar. E que diante das conceituações, dos fatos colocados e da urgência da questão, faz-se necessário, portanto, compreender os movimentos e perspectivas, no interior da sociedade, em torno dessa problemática.

É preciso identificar ações concretas de governos e organizações sociais na perspectiva da alfabetização, apontar eventuais inconsistências dessas ações, e sugerir mecanismos que possam colaborar com a superação dos índices de analfabetismo, em nosso país, que atingem as crianças matriculadas em turmas dos anos iniciais do ensino fundamental ou até as que já concluíram.

Os processos de alfabetização no contexto do PNAIC

Em 2013 o Ministério da Educação do Brasil lançou o PNAIC com o objetivo de garantir por meio de uma articulação com estados e municípios a alfabetização de todas as crianças, até os 8 anos de idade, tendo como foco principal a formação de professores. No lançamento do programa, a presidenta da república, Dilma Roussef, disse que "[...] a criação do pacto era estratégica na visão de futuro do país, e que o programa era o caminho fundamental para igualdade de oportunidades, sem ele, nós não teremos igualdade de oportunidades efetivas em nosso país".

O referido Pacto Nacional pela Alfabetização na Idade Certa era um compromisso formal assumido pelos governos federal, do Distrito Federal, dos estados e municípios de assegurar que todas as crianças estejam alfabetizadas na idade mencionada anteriormente, até o término do 3.º ano do ensino fundamental. Ao aderir ao Pacto, os entes governamentais comprometiam-se, conforme o Manual do Programa a:

> I. Alfabetizar todas as crianças em língua portuguesa e em Matemática;
> AI. Realizar avaliações anuais universais, aplicadas pelo Inep, junto aos concluintes do 3.º ano do ensino fundamental.

Consistia, assim, numa articulação de forças entre todos os entes federados, sujeitos sociais e sociedade como um todo, visando enfrentar um dos grandes problemas ainda persistentes no país na área da educação. Para César Callegari (2013, s/p), em evento de lançamento de programa de formação dos professores, essa é "[...] talvez, um dos maiores e mais importantes desafios da educação no Brasil".

O PNAIC considerava quatro princípios centrais ao longo do desenvolvimento do trabalho pedagógico: 1) o Sistema de Escrita Alfabética é complexo e exige um ensino sistemático e problematizador; 2) o desenvolvimento das capacidades de leitura e de produção de textos de uso social deve ocorrer durante todo o processo de escolarização; 3) os conhecimentos oriundos das diferentes áreas podem e devem ser apropriados pelas crianças, de modo que elas possam ouvir, falar, ler, escrever sobre temas diversos e agir na sociedade; e 4) a ludicidade e o cuidado com as crianças são condições básicas nos processos de ensino e de aprendizagem.

Com base nas informações extraídas do site do programa, ele se apoiava em quatro eixos de atuação, quais sejam, a formação continuada presencial para os professores alfabetizadores e seus orientadores de estudo; materiais didáticos: obras literárias, obras de apoio pedagógico, jogos e tecnologias educacionais; avaliações sistemáticas, além da gestão, mobilização e controle social que consistem no seguinte:

> 1. A Formação Continuada de Professores Alfabetizadores consiste num curso presencial de 2 anos para os professores alfabetizadores, com carga horária de 120 horas por ano, com base no programa Pró-Letramento, cuja metodologia propõe estudos e atividades práticas. Os encontros com os professores alfabetizadores serão conduzidos por orientadores de estudo, sendo os orientadores de estudo os professores das redes.
>
> 2. Os Materiais Didáticos e Pedagógicos são um eixo formado por conjuntos de materiais específicos para alfabetização, tais como: livros didáticos entregues pelo Programa Nacional do Livro Didático (PNLD) e respectivos manuais do professor; obras pedagógicas complementares aos livros didáticos e acervos de dicionários de língua portuguesa (também distribuídos pelo PNLD); jogos pedagógicos de apoio à alfabetização; obras de referência, de literatura e de pesquisa entregues pelo Programa Nacional Biblioteca da Escola (PNBE); obras de apoio pedagógico aos professores; e tecnologias educacionais de apoio à alfabetização.
>
> 3. As Avaliações reúnem três componentes principais: avaliações processuais, debatidas durante o curso de formação, que podem ser desenvolvidas

e realizadas continuamente pelo professor junto aos educandos, além disso, existe um sistema informatizado no qual os professores deverão inserir os resultados da Provinha Brasil de cada criança, no início e no final do 2.º ano e a aplicação, junto aos alunos concluintes do 3.º ano, de uma avaliação externa universal, pelo Inep, visando aferir o nível de alfabetização alcançado ao final do ciclo pelo MEC.

4. E por último, a Gestão, Controle Social e Mobilização, que é um arranjo institucional proposto para gerir o Pacto, é formado por quatro instâncias na forma de comitês em âmbitos federal, estadual e municipais responsáveis pela implementação e monitoramento das ações do programa.

Segundo as diretrizes do programa, para ser considerado alfabetizado, o sujeito precisava ser capaz de interagir por meio de textos escritos em diferentes situações, o que significava ler e produzir textos para atender a diferentes propósitos.

A criança alfabetizada deveria compreender o sistema alfabético de escrita, sendo capaz de ler e escrever, com autonomia, textos de circulação social que tratem de temáticas familiares ao aprendiz, dentro do ciclo da alfabetização, que significa, de acordo com as diretrizes nacionais da educação do ensino fundamental, um período de tempo sequencial de três anos (600 dias letivos), sem interrupções, dedicados à inserção da criança na cultura escolar, à aprendizagem da leitura e da escrita, à ampliação das capacidades de produção e compreensão de textos orais em situações familiares e não familiares e à ampliação do universo de referências culturais dos alunos nas diferentes áreas do conhecimento e que ao final têm o direito de saber ler e escrever, com domínio do sistema alfabético de escrita, textos para atender a diferentes propósitos.

O programa não determina a utilização do método A ou B, porém chama a atenção para os métodos e estratégias que levam as crianças a apropriarem-se do sistema de escrita, encarando-a como um código a ser memorizado, desconsiderando que a escrita deve estar voltada para a inserção das crianças nas práticas sociais, devendo assim ser desenvolvidas metodologias e estratégias que apontem nessa direção e que contemplem estratégias baseadas no lúdico, na reflexão e nos usos sociais. Embora o MEC não exponha claramente a defesa de determinado método de alfabetização sugere-se uma ação na linha da alfabetização permeada pela noção do letramento.

É importante pontuar que diferentes autores não fazem distinção entre os processos de alfabetização e letramento. Para Soares (2003, p. 30), são processos que ocorrem concomitantemente:

> Dissociar alfabetização e letramento é um equívoco porque, no quadro das atuais concepções psicológicas, linguísticas e psicolinguísticas de leitura e escrita, a entrada da criança (e também do adulto analfabeto) no mundo da escrita ocorre simultaneamente por esses dois processos: pela aquisição do sistema convencional de escrita – a alfabetização – e pelo desenvolvimento de habilidades de uso desse sistema em atividades de leitura e escrita, nas práticas sociais que envolvem a língua escrita – o letramento. Não são processos independentes, mas interdependentes, e indissociáveis: a alfabetização desenvolvesse no contexto de e por meio de práticas sociais de leitura e de escrita, isto é, através de atividades de letramento, e este, por sua vez, só se pode desenvolver no contexto da e por meio da aprendizagem das relações fonema–grafema, isto é, em dependência da alfabetização.

Enfim, o programa entende que o êxito na alfabetização depende de vários fatores envolvidos no processo, e destaca três, em especial: os professores alfabetizadores bem preparados, motivados e comprometidos com o desafio de orientar as crianças nessa etapa da trajetória escolar; a disponibilidade de materiais didáticos e pedagógicos apropriados e que estimulem a aprendizagem, tais como livros didáticos, paradidáticos, obras de literatura, jogos e mídias variadas e a capacidade de acompanhar continuamente o progresso da aprendizagem das crianças, por meio de avaliações contínuas, que podem ser baseadas em observações e registros sistemáticos de cada criança, feitas pelo professor, além das avaliações estruturadas pelos sistemas de ensino e pelo ministério.

Desafios e Avanços na Alfabetização: Um Panorama Crítico no Brasil e no Rio Grande do Norte

A alfabetização se transformou no início do século XX num dos desafios para os estados modernos, em função, como já foi mencionado, da importância da leitura e da escrita na vida das pessoas e no desenvolvimento social, cultural, econômico e político dessas sociedades.

A temática é recorrente, podendo ser encontrada em fóruns e espaços de dimensões e posições das mais variadas matizes, tendo em vista a relevância que é conferida ao domínio dessa tecnologia, pelas pessoas, para realização de tarefas simples do quotidiano e para atuação, enquanto cidadão ou cidadã do mundo; além dos interesses ligados à estrutura e ao funcionamento de uma dada sociedade – dependente do uso dessa ferramenta.

É crível afirmar que estamos imersos no limiar de uma das grandes revoluções na história da humanidade, a chamada era da informação, traduzida pela presença das tecnologias da comunicação, pela tecnologia artificial e pela rede mundial de computadores (internet), formada por bilhões de pessoas, que no mundo inteiro se conectam, por meio de computadores e celulares, para interagir, trocar informações, gerar conhecimentos; a partir de uma lógica de tempos, espaços, fronteiras, regras, absolutamente distintas do convencional, nas relações humanas.

A base fundamental dessa "infindável máquina" de acumulação e distribuição de informações e conhecimentos é a escrita, que se constitui no elemento principal para acesso e disseminação de dados. A escrita é, portanto, a porta de entrada nesse mundo da informação.

Não é possível mover-se eficientemente no mundo das tecnologias e da informação sem o domínio desse instrumento que permeia todo o conteúdo disponível nessa área. Nas sociedades ditas modernas, a escrita está por toda a parte. É parte do quotidiano das pessoas. Não se concebe o mundo atual sem essa ferramenta, essencial no funcionamento das instituições e na vida particular delas, nas suas relações e movimentos.

Dada a importância fundamental da alfabetização, estados e cidadãos ao redor do planeta empenham-se em esforços para assegurar que essa valiosa herança cultural seja apropriada por todos, uma vez que é essencial para o progresso das nações. No entanto, um número significativo de indivíduos, tanto globalmente quanto no Brasil, ainda se encontra à margem do acesso a essa herança cultural, enfrentando as consequências que acompanham qualquer forma de exclusão.

A superação desse atraso social é algo que precisa ser perseguido pelos estados, governos e sociedades, na perspectiva do direito individual e da evolução dos povos, enquanto nações e grupos sociais. É uma questão crucial na vida das cidades, e estados-nações. No Brasil, por exemplo, não pode mais ser colocada subjacente às grandes medidas e ações, voltadas para a elevação da vida social. É parte de um processo de sustentabilidade de melhoria de vida da população e do desenvolvimento do país.

Dessa forma, estudar as causas da não alfabetização das crianças, no período adequado, e apontar caminhos para eliminação do problema, é de extrema relevância, pois a garantia da alfabetização de cada indivíduo não se constitui, por si só, em sucesso imediato das pessoas e da sociedade, mas deixar pessoas analfabetas é sinal evidente de frágil desenvolvimento humano.

Não é por acaso que as pesquisas demonstram uma forte correlação entre baixa renda, pobreza, dificuldade em obter empregos de melhor qualidade com o fenômeno do analfabetismo, que reduz, inclusive, o acesso a bens e serviços públicos como saúde e educação, conforme Coulmans (2014, p. 88). Isso se constitui num quadro ainda preocupante, ao saber que no mundo milhões de pessoas adultas formam, como enfatiza Coulmans (2014, p. 16), um conjunto de meios-cidadãos, com profundos reflexos nas suas vidas.

No Brasil

No Brasil, como já mencionado, a situação demanda uma atenção significativa e um esforço contínuo, pois, apesar dos progressos alcançados no século XX, quando a taxa de analfabetismo caiu de 82,5% – conforme os dados do censo de 1872 – para 53,7% em 1960, segundo Silva (2007, p. 8), ainda enfrentamos desafios. Em 2022, a taxa de analfabetismo se manteve em 7,0%, revelando que as desigualdades regionais e sociais permanecem evidentes. O Nordeste, por exemplo, apresentou no Censo 2022 a maior taxa de analfabetismo, com 11,7%, enquanto o Sudeste registrou a menor, com apenas 2,9%. Além disso, entre as pessoas pretas ou pardas com 15 anos ou mais, a taxa de analfabetismo foi de 7,4%, o dobro em comparação às pessoas brancas, que apresentaram 3,4%.

Num cenário, de universalização da educação básica, a meta de alfabetizar todas as crianças até o terceiro ano é imperioso, por se constituir num fator relevante para a permanência das crianças na escola, para a eliminação da evasão e, por consequência, para a elevação dos níveis de aprendizagem dos educandos de escolas públicas.

O desafio se apresenta de forma clara e premente, pois, segundo uma reportagem do *Correio Braziliense* (Aguiar, 2013), embasada em informações do Todos Pela Educação, menos de metade das crianças brasileiras no 3.º ano do ensino fundamental (somente 44,5%) demonstrava uma leitura adequada ao seu nível. Ademais, os dados referentes aos anos de 2013 e 2014, oriundos da ANA do MEC, revelaram que, respectivamente, 24,13% e 22,21% das crianças brasileiras matriculadas no terceiro ano do ensino fundamental chegaram a essa etapa sem saber ler e escrever, evidenciando que ainda há um considerável percurso a ser trilhado para a superação desse desafio.

Gráfico 1 – Porcentagem de Crianças do 3.º Ano do Ensino Fundamental com Aprendizagem Adequada em Leitura, Gráfico Adequado Autor

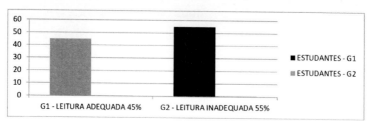

Fonte: Aguiar, 2013

Ainda, conforme os dados da ANA, inseridos no Gráfico 2, a melhora nos índices de alfabetização era lenta, ao comparar os índices de 2013 e 2014, de alunos situados no nível de leitura mais baixo – nível 1. No ritmo apresentado, o estado brasileiro levaria um tempo considerável para atingir o objetivo – o que não ocorreu –, apesar de avanços na área. Havia a necessidade de uma rapidez maior, para cumprir a meta de alfabetização, de todas as crianças, até 8 anos de idade, estabelecida no PNE (Brasil, 2014).

Gráfico 2 – Dados extraídos da ANA/Inep, divulgados em setembro de 2015

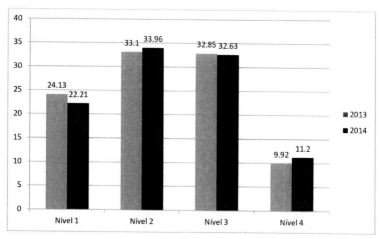

Fonte: MEC, 2015

No Rio Grande do Norte

O fenômeno da educação, da alfabetização e do analfabetismo, que se revela na contemporaneidade da sociedade brasileira e norte-rio-grandense, carrega consigo profundas raízes históricas, além de estar intrinsecamente ligado às condições socioeconômicas das regiões e localidades. Para ilustrar essa questão, conforme aponta Stamatto (1996, p. 14):

> A população brasileira, em sua maior parte, foi analfabeta durante todo o século XIX. Tem-se dados oficiais, para os anos de 1872 e 1890, que apontam para o índice ao redor de 85% de analfabetismo para a população geral. A província do Rio Grande do Norte não fugia à regra geral de baixo nível de escolarização, em relação às outras províncias brasileiras. Para a província, os censos de 1872 e 1890 apontavam 83% e 84,6% respectivamente de analfabetos sobre o total de habitantes. Estes dados demonstram que a escolarização estava longe dos hábitos brasileiros naquela época. Sabe-se, através da literatura, de relatos de viajantes e documentos oficiais, que a faixa dos 15% alfabetizados dispunham – para seu processo de escolarização –de professores particulares, muitos chamados de preceptores, de alguns colégios particulares, laicos ou religiosos, ou das escolas públicas a cargo das províncias desde 1834.

Transportando-se para o século XXI, de acordo com Silva (2007), no Censo de 2003, os estados das regiões Norte e Nordeste do Brasil, não por acaso, as regiões consideradas menos favorecidas econômico e socialmente no país, continuavam ostentando os mais altos índices de analfabetismo do país, chegando, em alguns municípios dessas regiões, a índices em torno de 60% de analfabetos.

No censo de 2010, passados sete anos desse último levantamento, os dados demonstram queda nesses índices, apesar de situações ainda extremamente desafiadoras, como é o caso da cidade de João Dias (RN), Região Nordeste, com índice de 38,9% (MEC, 2011); mesmo considerando o fator etário na composição desse índice de pessoas acima de 60 anos de idade.

Os dados mostram também que o estado do Rio Grande do Norte, não obstante uma redução de 23,8% em 2000 para 17,8% em 2010, nos índices de analfabetismo na faixa-etária de 15 a 80 anos, ainda figurava na posição 23, segundo estudo do Observatório da Educação do RN 2013, no ranking do analfabetismo dentre os estados brasileiros.

Tabela 1 – Taxa de Analfabetismo no Estado do Rio Grande no Norte – 2010

Número de Municípios	Ano	Taxa de Analfabetismo
02	2010	Menor que 10%
17	2010	Menor que 20 e maior que 10%
34	2010	Entre 30% e 39%
114	2010	Menor que 30% e maior que 20%

Fonte: Observatório da Educação do RN/2013 – adaptado pelo autor, 2015

No Município de São Tomé

O município de São Tomé encontra-se situado na Região Nordeste do Brasil, em uma área da região que é popularmente referida como polígono das secas. Em 2010, o Índice de Desenvolvimento Humano (IDH) era de 0,585, enquanto a taxa de pobreza atingia 58,53% da população no ano 2000, conforme dados do IBGE/Cidades. O Semiárido Brasileiro (SAB) abrange, segundo Medeiros (2008, p. 20-21):

> [...] cerca de 12% do território nacional perfazendo um milhão de quilômetros quadrados, representando um dos semiáridos mais povoados do mundo. Uma das cenas mais clássicas, sobretudo, no meio rural é a população preparando suas roças para o plantio, esperando

pelas chuvas, fazendo preces aos céus, apesar de, chuvas regulares todos os anos na estação certa ser apenas uma exceção. A única certeza das secas é a recondução de caciques da política local sobretudo aos parlamentos (municipal, estadual ou federal).

De acordo com dados do MEC o município figurava entre os prioritários do país, em 2012, por apresentar um baixo Índice de Desenvolvimento da Educação Básica (Ideb), o que significa que em 2005 e 2007 ficou com o índice abaixo da média nacional nas séries iniciais do ensino fundamental que foi de 4,2 nos anos de referência.

Gráfico 3 – Ideb – São Tomé (RN)

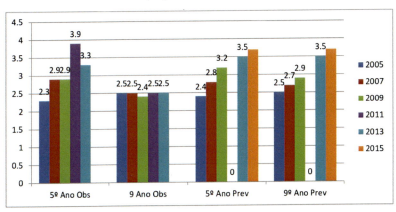

Fonte: Inep, 2015

De maneira geral, no ano de 2010, um total de 6.701 indivíduos com 10 anos ou mais era classificado como sem instrução e apresentava ensino fundamental incompleto; 1.515 pessoas nunca haviam tido a oportunidade de frequentar creche ou escola; 1.136 indivíduos possuíam o ensino médio completo, mas não haviam concluído o ensino superior, enquanto 195 alcançaram a graduação completa.

No que tange à alfabetização, o município tem demonstrado um progresso contínuo nas últimas décadas, de acordo com dados do IBGE. Durante esse período, a taxa de analfabetismo foi reduzida, passando de 37,3% em 2000 para 30,9% em 2010, entre pessoas com 15 anos ou mais.

Capítulo 4

ALFABETIZAÇÃO: MÉTODOS, ENFOQUES E ABORDAGENS

É comum, sobre a alfabetização de crianças, a prevalência das discussões e estudos sobre caminhos e métodos de alfabetização. As investigações e a literatura sobre o tema estão fortemente pautadas pela questão dos métodos e técnicas de ensino, vinculadas ao papel do professor; e em especial no caso brasileiro, conforme Schwartz (2010, p. 8): "podemos dizer que as pesquisas que tematizam a história da alfabetização têm estado de certa forma vinculadas mais diretamente aos estudos da escola, dos métodos de ensino e das cartilhas escolares".

Segundo Peres (2005, p. 10 *apud* Schwartz, 2010), as publicações da Associação Sul-Rio-Grandense de Pesquisadores em História da Educação (ASPHE), a primeira revista do gênero no Brasil, considerada pelo autor uma das mais importantes na área, se referem: "[...] fundamentalmente aos métodos de ensino da leitura e da escrita e aos materiais pedagógicos ou seja, à produção e à circulação de cartilhas escolares".

Ressalto que este trabalho não tem a pretensão de questionar a relevância dessa linha de estudos – longe disso – e, muito menos, desconsiderar a importância das metodologias envolvidas nos processos de ensino-aprendizagem no campo da alfabetização. Pois não é crível pensar no ensinamento de uma tecnologia tão sofisticada, como é o caso da escrita, sem se recorrer a um caminho ou a caminhos que possuam uma lógica, uma sistemática, ainda que passíveis de avaliações e questionamentos, face às variações de enfoques teóricos existentes na área das ciências da educação.

Trata-se, portanto, da necessidade de se chamar a atenção para outras abordagens e enfoques que vão além dos métodos e cartilhas de ensino, mesmo refletindo naqueles, porém a partir de vieses e olhares diferentes sobre a questão, ampliando as possibilidades de atuações a partir de multirreferenciais, com o olhar novo de campos do conhecimento, por exemplo, como o das neurociências.

Além da área das neurociências (que vem estudando as bases neurais no processo de alfabetização), chamo a atenção aqui para as abordagens e contribuições trazidas por estudiosos do campo da linguística (pela ênfase que colocam na importância do professor compreender profundamente a sua constituição e funcionamento); da concepção do desenvolvimento da alfabetização (anterior ao nascimento), dos impactos das novas tecnologias nesse processo e dos fatores sociológicos e culturais que repercutem, sem qualquer dúvida, no campo educacional.

Sobre os métodos de alfabetização

Como mencionado anteriormente, os métodos de ensino são parte das mais variadas pesquisas e estudos nesse campo. É comum ouvir expressões como "o método X funciona melhor"; "aquela escola usa método Y"; "tal professor ensina assim"; "os alunos aprendem melhor com tal método", enfim, são diversas as assertivas presentes em conversas informais, reuniões pedagógicas, como também nos meios acadêmicos. Sobre isso, Cagliari (2007, p. 52) afirma:

> Os métodos é uma questão fundamental, importante e uma questão que tem de ser discutida de um jeito ou de outro porque os métodos não são ingênuos. Os métodos não são uma coisa irrelevante na escola. Pelo contrário, na escola e na vida são fundamentais porque eles conduzem a resultados esperados ou não. Eles trazem o sucesso ou trazem o fracasso. Porém, os métodos não são tudo.

De acordo com Frade, os métodos de ensino dividem-se em sintéticos e analíticos, sendo que os métodos sintéticos se dividem em método alfabético; método fônico e método silábico. Já os métodos analíticos dividem-se em método da palavração e método de sentenciação; método global de contos; método natural e método de imersão. A autora chama a atenção ainda para a abordagem construtivista, colocando uma pergunta: seria o construtivismo um método, uma pedagogia de alfabetização ou uma concepção de aprendizagem? Os métodos sintéticos, como afirma Frade (2005, p. 22), partem das partes para o todo:

> Nos métodos sintéticos, temos a eleição de princípios organizativos diferenciados, que privilegiam as correspondências fonográficas. Essa tendência compreende o método alfabético, que toma como unidade a letra; o método fônico, que toma como unidade o fonema; o método silábico, que toma unidade um segmento fonológico mais facilmente pronunciável, que é a sílaba. A como disputa sobre qual unidade de análise a ser considerada – a letra, o fonema ou a sílaba –, é que deu o tom das diferenciações em torno das correspondências fonográficas. Para esse conjunto de métodos denominados sintéticos, propõe-se um distanciamento da situação de uso e do significado, para a promoção de estratégias de análise do sistema de escrita.

Já os métodos analíticos partem, ao contrário dos sintéticos, do todo para as partes (Frade, 2005, p. 22):

> Os métodos analíticos partem do todo para as partes e procuram romper radicalmente com o princípio da decifração. São mais conhecidos os métodos global de contos, o de sentenciação e o de palavração. Está presente nesse movimento metodológico a defesa do trabalho com sentido, na alfabetização. Assim, esses métodos buscam atuar na compreensão, por entenderem que a linguagem escrita deve ser ensinada à criança respeitando-se sua percepção global dos fenômenos e da própria

língua. São tomados como unidade de análise a palavra, a frase e o texto. Esses métodos supõem que, baseando se no reconhecimento global, como estratégia inicial, os aprendizes podem realizar, posteriormente, um processo de análise de unidades menores da língua.

Adotando uma abordagem distinta e buscando superar os métodos tradicionais, conforme discutido anteriormente, destaco a contribuição da pesquisadora Magda Soares, que argumentou em sua obra que a alfabetização vai além do mero ensino da leitura e da escrita. Para ela, é fundamental que os alunos compreendam o uso social da linguagem escrita e desenvolvam competências para interpretar e produzir textos em múltiplos contextos.

Nessa perspectiva, o ensino da leitura e da escrita deve se dar em um ambiente de práticas letradas diversificadas – que abranja tanto o estudo dos aspectos estruturais (as particularidades do sistema) quanto os funcionais (a finalidade da escrita) –, promovendo a integração entre alfabetização e letramento, e assegurando a conexão com a vivência de práticas sociais que envolvem a linguagem.

A neurociência e a educação: experiência no RN

A neurociência, dentre os vários estudos que desenvolve sobre a constituição e funcionamento do cérebro, ocupou-se, também, de entender o desenvolvimento dos processos educativos em geral, tratando das repercussões dos fatores neurais envolvidos na aprendizagem, como também a repercussão desta no funcionamento do cérebro. Destaco aqui a neurolinguística, que estuda as "[...] relações entre linguagem, cérebro e cognição"; e surge, no âmbito dos estudos sobre neurologia, conforme Dehaene (2012, p. 68), na ocasião em que um homem de negócios, culto e grande apreciador da música, se instala confortavelmente com um bom livro... Quando se apercebe, com estupefação, de que não consegue ler uma palavra sequer. Posterior à realização de uma consulta com o celebre neurologista Josep-Jules Déjerine, conclui-se que o senhor sofreu uma perda seletiva do reconhecimento das letras e das palavras escritas, denominada de "cegueira verbal pura", pelo Dr. Josep-Jules Déjerine, suscitando a existência de um "centro visual das letras", considerando que o senhor reconhecia objetos, pessoas e falava normalmente. Ora, sem o cérebro, obviamente, deixaríamos de existir e sem partes ou sem o funcionamento adequado não conseguiríamos/conseguimos desenvolver uma série de aprendizagens e comportamentos, nem praticar diversas atividades. Como afirmam Consenza e Guerra (2011, p. 141), nossos comportamentos:

> São produtos da atividade do nosso cérebro < ou melhor < sistema nervosos. Nossas sensações e percepções, ações motoras, emoções, pensamentos, ideias e decisões, ou seja, nossas funções mentais estão associadas ao cérebro em funcionamento. Se os comportamentos dependem do cérebro, a aquisição de novos comportamentos, importante objetivo da educação, também resulta de processos que ocorrem no cérebro do aprendiz. As estratégias pedagógicas promovidas pelo processo ensino-aprendizagem, aliadas às experiências de vida às quais o indivíduo é exposto, desencadeiam processos como a neuroplasticidade, modificando estrutura cerebral de quem aprende.

Os novos conhecimentos nessa área vêm com as neurociências, notadamente a partir da década de 90, conforme Medeiros e Bezerra (2015, p. 30):

> A década de 1990 – conhecida como a "década do cérebro" – trouxe avanços tecnológicos e ferramentas para estudar a estrutura cerebral e o seu funcionamento. As técnicas de neuroimagem possibilitaram um mapeamento do cérebro humano e trouxeram subsídios para um maior conhecimento dos mecanismos cognitivos. Esses novos conhecimentos aplicados ao campo da educação nos possibilitam saber que lidamos, predominan-

temente, com três estilos de aprendizes. São eles: 1) aprendizes visuais; 2) aprendizes auditivos e 3) aprendizes cenestésicos ou táteis.

Por meio de estudos científicos, sabe-se, atualmente, que a dificuldade em aprender determinados comportamentos, por algumas pessoas, está relacionada com distúrbios a nível cerebral do sujeito. Em sendo assim, se os nossos comportamentos dependem, primariamente, do funcionamento normal do cérebro, Consenza e Guerra (2011, p. 141) defendem que:

> [...] a aquisição de novos comportamentos, importante objetivo da educação, também resulta de processos que ocorrem no cérebro do aprendiz. As estratégias pedagógicas promovidas pelo processo ensino-aprendizagem, aliadas às experiências de vida às quais o indivíduo é exposto, desencadeiam processos como a neuroplasticidade, modificando a estrutura cerebral de quem aprende. Tais modificações possibilitam o aparecimento dos novos comportamentos, adquiridos pelo processo de aprendizagem.

Para o cientista Miguel Nicolelis (2016, p. 293), fundador do Instituto Internacional de Neurociências de Natal Edmond e Lily Safra (IINN-ELS), criado para apoiar pesquisas voltadas para a área científica, no Rio Grande do Norte, educação e ciência devem caminhar conjuntamente para que a educação possa se tornar, de fato, um diferencial na sociedade brasileira:

> É hora da ciência brasileira assumir definitivamente um compromisso mais central perante toda a sociedade e oferecer o seu poder criativo e sua capacidade de inovação para erradicar a miséria, revolucionar a educação e construir uma sociedade justa e verdadeiramente inclusiva.

É inquestionável, portanto, a necessidade dessa aliança, entre ciência e educação, em função das descobertas no campo da neurociência, por meio de exames ultrassofisticados no cérebro, e conforme Guaresi, Santos e Mangueira (2015, p. 50):

> Claro está que o nosso conhecimento sobre os engendramentos do cérebro humano está em sua gênese, contudo, lançam luzes, por exemplo, sobre alguns dos problemas de aprendizagem da escrita. Segundo John Gabrieli (2009), em publicação na Revista Science, as descobertas recentes sobre a dislexia provocaram uma nova sinergia entre educação e as ciências cognitivas.

É relevante mencionar que da perspectiva da neurolinguística e das ciências de modo geral, nem sempre há consensos. Também não há consensos sobre as relações estabelecidas entre linguagem e cérebro, e conforme Morato (2012), um bom começo para entrever as relações que ambos os processos mantêm entre si – e nas quais intervêm a cultura, as práticas ou experiências histórico-sociais, o contexto, a interação – é verificar o que estamos entendendo por uma e outra coisa.

A neurolinguística é, portanto, um campo de estudo interdisciplinar, em busca de respostas para as muitas questões envolvendo o cérebro, a linguagem e a aprendizagem. De maneira geral, Morato (2012, p. 171) apresenta a agenda científica da neurolinguísticas no seguinte:

> a) estudo de processamento normal e patológico da linguagem, oral e escrita, por meio de modelos ou construtos elaborados no campo da linguística e da neurociências;
>
> b) estudo da repercussão dos estados patológicos no funcionamento da linguagem e da cognição, com base na sustentação, refutação ou construção de teorias linguísticas e cognitivas;
>
> c) estudo das condições e características neurolinguísticas do bilinguismo e da surdez;
>
> d) estudo neurolinguístico e sociocognitivo do envelhecimento e da neurodegenerência, como a Doença de Alzheimer;
>
> e) estudo de processos de significação não verbais, com destaque para a relação que estes mantêm com a linguagem e com o contexto comunicacional.

f) discussão sobre a questão do método de investigação neurolinguísticas.

Entender o funcionamento do cérebro, dentro das possibilidades trazidas pela neurociências, contribui certamente no trabalho de alfabetização das crianças, ao se utilizar de conceitos e ferramentas abordadas no campo das neurociências, que considera o cérebro, segundo Wolynec (1994, p. 1), como:

> [...] um sistema aberto auto-organizável que é moldado pela sua interação com objetos e eventos". Ao deparar-se com novos eventos os mecanismos moleculares do cérebro se ajustam a nova realidade. A percepção dos novos eventos é moldada em parte por eventos passados que já produziram anteriormente alterações no cérebro, ou seja, a percepção é moldada pela experiência anterior. Nós nunca ouvimos alguma coisa sob uma forma totalmente objetiva porque o nosso processo de recepção é colorido pelos estímulos que capturam nosso interesse no passado. Nós construímos conhecimento sobre experiências anteriores.

Como sabemos, é por meio do sistema nervoso que os seres vivos se comunicam e interagem com o meio ambiente, e a neurociência vem desvendando detalhes dessa relação corpo (cérebro) x ambiente (físico e/ou social). São muitos estudos, desenvolvidos por diversos centros, pelo mundo. Inclusive, no Rio Grande do Norte, com os projetos desenvolvidos pelo Instituto Internacional de Neurociências de Natal (INLLS) e pelo Instituto do Cérebro (ICE), vinculado à Universidade Federal do Rio Grande do Norte (UFRN), coordenado pelo cientista Miguel Nicolelis, presente também na cidade de Macaíba.

O projeto do INLLS teve início em 2005 e, à época, estava presente em três escolas aqui no estado, a unidade de Natal da Escola Alfredo J. Monteverde, que conta, atualmente, com sete oficinas (Ciência e Tecnologia, Ciência e Comunicação, Ciência e Robótica, Ciência e História, Ciência e Química, Ciência e Biologia e Ciência e Física) e 616 alunos; a unidade de Macaíba da Escola Alfredo J. Monteverde, que conta com quatro oficinas (Ciência e Tecnologia, Ciência e Arte, Ciência e Ambiente, e Ciência e História) e 400 alunos.

Na mesma linha, aqui no estado do Rio Grande do Norte, o ICE da UFRN, coordenado pelos pesquisadores Ângela Chuvas e Antônio Pereira, vem realizando uma série de estudos nessa área e desenvolve um projeto chamado Projeto Leitura + Neurociências em escolas de Natal com crianças em situação de vulnerabilidade social e com a Secretaria de Educação do município de Ipanguaçu; além de cursos, eventos nacionais e internacionais. Por meio desse projeto foram realizados, em Natal, diversos eventos com a presença de pesquisadores e estudiosos reconhecidos na área, como I Simpósio: Educação, Leitura e Neurociências em Debate; Aula Pública com a temática "O impacto do aprendizado da leitura na atividade cerebral: estudos com analfabetos adultos, no âmbito palestras inseridas na programação geral de eventos Educação Leitura e Neurociências em Debate".

O ICE disponibiliza para os alunos da graduação da UFRN interessados em adquirir conhecimentos sobre neurociências, educação e leitura a disciplina Bases Neurais de Leitura; a 2.ª jornada nacional de alfabetização; 10.ª jornada de alfabetização: alfabetizando com ciência e arte; Projeto da UFRN que promove curso para Universidade de Caxias do Sul (UCS) de formação continuada "Bases Neurais da Leitura: Alfabetização, Literatura e Neurociências Cognitivas em Destaque na Educação Brasileira" para a UCS.

O projeto leitura + neurociências do ICC tem como objetivo capacitar e formar professores e profissionais da educação básica do sistema de educação pública, dentro de uma concepção metodológica interdisciplinar e inovadora, conveniada com o MEC e voltada para turmas do projeto Mais Educação em escolas de baixo Ideb das cidades do Natal e de Ipanguaçu.

A linguística

Poder-se-ia dizer que a linguagem humana, em específico a linguagem oral e escrita, é o objeto principal de estudo da linguística, que se preocupa fundamentalmente em compreender a estrutura e o funcionamento da língua, observando suas semelhanças, irregularidades e padrões.

Essa ciência tem como teórico fundante o linguista suíço Ferdinand de Saussure, autor da obra Curso de Linguística Geral. Segundo Silva (2011, p. 38), foi com base

> [...] nos conceitos proferidos em aula, três de seus alunos (Charles Bally, Albert Sechehaye e colaboração de Albert Riedlinger) publicaram após a sua morte, em 1916, o Curso de linguística geral, que serviu de fundamento para a emergência da linguística estrutura.

Ora, em sendo a ciência das linguagens, parece óbvio que os profissionais que se utilizam desse recurso como instrumento de trabalho e, ao mesmo tempo, ensinando-o, procurem conhecer seus fundamentos, princípios e conhecimentos inerentes a ele, o que proporciona, decerto, uma visão evidentemente mais clara do objeto em si.

No caso dos professores, entender esses fenômenos deve constituir-se num momento basilar de sua formação. Como o mecânico precisa conhecer o funcionamento do carro para fazer o seu concerto; o violonista precisa compreender as notas musicais para tocar seu violão; o professor precisa compreender profundamente os fenômenos linguísticos para poder ensiná-los, de forma mais precisa e eficaz.

A linguística é uma ciência bastante complexa e, com o passar dos anos, tem ganhado uma dinâmica maior ainda, gerando, por exemplo, novos ramos de estudo. No livro "Introdução à linguística: domínios e fronteiras", volumes 1 e 2, vários temas são abordados, buscando transmitir ao leitor uma visão geral dos fenômenos linguísticos, conforme disposto no volume 2:

a. Sociolinguística: na tentativa de compreender a questão da relação entre linguagem e sociedade;

b. Linguística histórica: enfoca os processos de mudanças das línguas no tempo;

c. Fonética, Fonologia, Morfologia e Sintaxe: possuem a tarefa de introduzir as perspectivas teóricas e metodológicas que constituíram a Linguística como uma ciência autônoma e com um objeto de estudo próprio, ao longo do século XX;

d. Linguística Textual: tem como principal interesse o estudo dos processos de produção, recepção e interpretação dos textos, reintegra o sujeito e a situação de comunicação em seu escopo teórico;

e. Semântica: tem como objeto de estudo a questão do significado e/ou dos processos de significação;

f. Pragmática, Análise da Conversação e Análise do Discurso: podem ser definidos, de maneira geral, como aqueles que, a partir de pressupostos teóricos diferenciados, estabelecem relações com a exterioridade da linguagem, problematizando a separação entre a materialidade da língua e seus contextos de produção;

g. Neurolinguísticas, Psicolinguística e Aquisição da Linguagem: estudam as relações entre linguagem e cognição, linguagem e cérebro, enfim, sobre os diferentes modos pelos quais os sujeitos adquirem, organizam e reelaboram o conhecimento;

h. Língua e Ensino: políticas de fechamento: tematiza as contribuições que alguns importantes pressupostos teóricos construídos pela ciência da linguagem ao longo do século XX podem dar para o ensino.

Como mencionado anteriormente, é uma área bastante extensa, que tece abordagens sobre os fenômenos ligadas à área de linguagem, e se desdobra, quotidianamente, e durante os tempos no interior das relações humanas, por meio das mais diversas formas de manifestação, dentre elas, as que se utilizam dos códigos escritos e da fala para se expressarem nesses contextos.

Assim, compreender a ciência da linguagem é essencial para aqueles que se dedicam ao ensino da língua de maneira estruturada e metódica; é uma condição indispensável. Por meio dos conhecimentos dessa área, o educador terá uma base sólida, que o auxiliará a orientar e colaborar, com maior eficácia, com seus alunos no processo de aprendizado da leitura e da escrita. Isso é especialmente relevante para os professores dos primeiros anos do ensino fundamental, encarregados da alfabetização das crianças. Dado que esse fenômeno provoca intensas transformações no desenvolvimento delas, não se pode imaginar que, em suas formações, tanto inicial quanto continuada, não estejam presentes, com toda a ênfase necessária, os estudos aprofundados sobre os fenômenos da linguagem.

As novas tecnologias

A história da humanidade está marcada pela realização de milhares de descobertas. Algumas dessas, essenciais para o desenvolvimento humano como o fogo, a agricultura, a Revolução Industrial, a Revolução Tecnológica e a Revolução das Tecnologias da Informação (TIC), produtoras de revoluções que impactaram definitivamente a vida humana e sua relação com o mundo natural.

Esta última, que tem a internet como sistema principal, capaz de disponibilizar em rede mundial a possibilidade de infinitas pesquisas, interação (por meio de redes), reprodução e produção de milhões de informações, além de distintos conhecimentos. Sobre a relevância das tecnologias e das ferramentas na vida dos seres humanos, Marconi (2011, p. 77) afirma:

> O desenvolvimento cultural do homem é uma realidade atestada pelos restos arqueológicos, ou seja, pela presença de artefatos rudimentares manufaturados. As condições distintivas para a humanização seriam a fabricação de instrumen-

tos, resultado da transformação intencional e não acidental da matéria-prima (pedra, osso, madeira) em utensílios.

Muitas invenções e descobertas, como já foi destacado, podem, portanto, ser consideradas revolucionárias, em função das repercussões na vida. Para Costa (2002) as revoluções que marcaram e transformaram a vida da humanidade foram: a Revolução Industrial, a Revolução Tecnológica e a Revolução das TIC.

Esta última, na qual estamos atualmente imersos em seu início, é conhecida como a Era da Informação. Ela se manifesta por meio da vasta rede mundial de computadores, que conecta bilhões de indivíduos ao redor do globo, permitindo que essas pessoas se comuniquem, compartilhem informações e gerem conhecimento. Tudo isso ocorre dentro de uma lógica de tempos, espaços, fronteiras e normas que são radicalmente diferentes das que conhecemos na história das interações humanas.

Por meio da internet, são realizadas centenas de atividades, em todos os setores da vida humana, geradoras, inclusive, de novas acomodações, tensões, novidades, estranhezas e tudo mais. É um novo mundo. A título de exemplificação, antes da internet, na sociedade moderna, a produção de bens se organizava de duas maneiras, segundo Faria (2012, p. 73):

> [...] como empregados em empresas, por meio do cumprimento de ordens superiores; ou como indivíduos no mercado competindo com base na regra de preços. A produção de softwares por voluntários, especialistas em computação, trouxe um terceiro modelo de organização para fins de produção coletiva, o que Yochai Benkler 2006 denomina produção colaborativa.

Perceba que a influência das comunicações, igualmente às outras revoluções que marcaram a história da humanidade, provoca mudanças complexas e profundas, no comportamento dos seres humanos. Referindo-se às TICs, Costa e Ramalho (2008, p. 6), citando Castells (2000), as consideram como singulares:

O fato é que, na contemporaneidade, a base material que constitui o contexto informacional está mudando profundamente com o desenvolvimento das tecnologias mais relacionadas à manipulação da informação, originadas estas de uma revolução social que se iniciou no século XX, com base na revolução industrial. Trata-se da revolução tecnológica, assim como denomina Castells (2000), uma revolução de aparelhamento tecnológico relacionado aos processos de informação e comunicação, uma revolução de instrumentação humana singular pós-segunda guerra mundial. Aliás, para o próprio Castells, a segunda grande guerra é tida como a "mãe" de todas as tecnologias, agora compreendidas da informação e denominadas de outro modo por "novas".

O advento da Revolução das Novas Tecnologias tem impactado quase todas as atividades e aspectos da sociedade, tanto cultural, social, quanto econômico. Tem impactado as transações comerciais, as relações pessoais, o trabalho, o estudo, a pesquisa. Quase tudo está sendo afetado de maneira positiva ou, às vezes, negativa, tornando-se, cada vez mais, e de forma muito acelerada, imprescindíveis em qualquer tipo de relação na sociedade contemporânea, conforme Medeiros (2011 p. 11).

Nesse novo contexto, é obrigatório que estejamos atentos e atentas para um novo tipo de alfabetização – a alfabetização digital. É mais uma tarefa, mais um desafio. Não deixar os cidadãos à margem da sociedade letrada e, agora, digitalizada. O desafio é maior em países como o nosso, conforme destacado por Barros *et al.* (2007, p. 201 *apud* Mattos e Chagas, [2008]), por ser a inclusão digital:

> Um elemento importante nas políticas para a Sociedade da Informação, especialmente naqueles países que apresentam um maior grau de desigualdade social, que advém de processos históricos de sua formação. Nesses casos, o desafio é duplo: superar antigas deficiências e criar competências requeridas pelas novas necessidades culturais e socioeconômicas da sociedade.

No âmbito deste trabalho, quero chamar a atenção para se pensar como essas novas técnicas e meios tecnológicos podem/ poderão ser utilizados no processo da alfabetização das crianças, considerando a diversidade de ferramentas e mecanismos, possibilitados por esses meios, para o desenvolvimento de atividades voltadas para a alfabetização. Claro, de forma planejada, delimitada, organizada, e com todas as precauções exigidas, diante da especificidade dessa ferramenta. Pois, enquanto as tecnologias, em geral, produzem efeitos externos, estas atuam internamente, repercutindo fortemente na vida psíquica e emocional dos sujeitos.

Nessa perspectiva, a instituição escolar e consequentemente as práticas pedagógicas escolares precisam projetar momentos e espaços para a alfabetização convencional e para a alfabetização digital, concomitantemente, proporcionando uma formação que se coadune, com essa nova lógica, que se apresenta na sociedade da informação, traduzida por megas redes, constituídas por sites, softwares (programas), aplicativos, grupos sociais virtuais.

Para isso, obviamente, é imprescindível a existência de equipamentos, para uso de estudantes no interior da escola, possibilitando, assim, a organização e sistematização de métodos e estratégias a serem desenvolvidas, a partir do uso das ferramentas da informação como o computador, laptops, tablets, e até os aparelhos de celular.

Nessa linha, Santos e Braga (2012) identificam três grandes modos de usos das novas tecnologias e linguagens no ambiente escolar: como meio de informação (notícia em tempo real); meio de comunicação (aproximação entre as pessoas, redução dos espaços) e como meios de expressão (amplas possibilidades de expor o pensamento e a criatividade). Acrescento a esses modos o uso das tecnologias para aprendizagem, por meio de processos de mediação pedagógica, da leitura, da escrita e de outros conteúdos das ciências.

A discussão sobre o uso das novas tecnologias na escola não é uma novidade, em especial, nos níveis mais avançados da educação, em que são usadas em larga escala. Estudos apontam para sua importância já na etapa da educação infantil, por isso mesmo, é inadiável pensar sobre a correta inserção dessa ferramenta no ambiente escolar, em que se realiza com maior intensidade, dentro da educação formal, a inclusão da criança no mundo dos que leem o mundo por meio das letras, textos e contextos. Segundo Santos e Braga (2012, p. 31), a criança em ambientes mediados por tais tecnologias:

> [...] desenvolvem um pensamento complexo, lida com a interatividade de modo orgânico, natural e intuitivo, apreende e aplica novos „códigos", grifos meu, na construção de conhecimentos igualmente dinâmicos, estabelece prontamente elos entre conhecimentos já detidos e novas aquisições, efetua continuamente estratégias de transferências de conhecimentos, estabelece conexões metacognitivas, manifesta-se de modo hipertextual e lida com saberes propostos com agilidade, rapidez, autonomia e destreza.

A vida nas sociedades modernas, conforme é evidente, faz o uso intensivo dos recursos tecnológicos em todos os setores e aspectos da vida humana, sendo, portanto, uma conquista dos tempos atuais. Consoante a tudo isso a instituição escolar precisa apropriar-se dessas ferramentas, e passar a utilizá-las, visando dinamizar as relações em sala de aula, as práticas pedagógicas e metodologias de ensino, desenvolvidas no interior e para o exterior dela.

Como afirma Alves (2014, p. 45),

> [...] parte da educação, assim, é o aprendizado das técnicas e artes necessárias à produção dos objetos que vão completar o nosso corpo mole, dando-lhe maior eficácia. Faca é melhoria dos dentes e das unhas. Escada é a melhoria das pernas. Óculos são melhorias dos olhos. Computador é a melhoria do cérebro.

No mundo contemporâneo, as novas tecnologias estão impressionando a todos, especialmente os mais jovens, com suas características desafiadoras e atrativas. É parte da vida. Para Oliveira e Silva (2010, p. 79), os games, jogos eletrônicos, tão presentes no quotidiano dos jovens,

> [...] estão começando a ensinar aos adultos: que algumas formas de aprendizagem são rápidas, atraentes e gratificantes. O fato de exigirem muito tempo pessoal e de requererem novos estilos de pensar não parece ser um problema para o público jovem. Não é de surpreender que, em comparação com o universo virtual a escola pareça lenta, maçante e claramente desatualizada.

Faz-se necessário, portanto, entender e compreender, para melhor usar essas novas técnicas de comunicação. É assim em tempos de celulares, tablets, computadores internet. Cada vez mais, o mundo virtual se entrelaça com o mundo real. As crianças chegam/chegarão à escola, cada vez mais "tecnologizadas", não havendo tempo para pensar na "expulsão" dos aparelhos eletrônicos de sala de aula.

À guisa de conclusão deste capítulo, salienta-se o quão necessário é o reconhecimento e o esforço coletivo da sociedade, em especial dos setores/agentes da área da educação, na busca incessante da alfabetização de todas as crianças, em virtude dos benefícios gerais, difundidos para todos da comunidade local e mundial.

Parte 2

Caminhos metodológicos, resultados e Considerações finais

Capítulo 5

PERCURSO DA PESQUISA

Para Gil (2010), a pesquisa é um procedimento racional e sistemático com o objetivo de responder problemas de ordem teórica ou prática, colocados para serem estudados em um determinado contexto, e requer disponibilidade, qualidades e sensibilidade do pesquisador, além de recursos financeiros, humanos e materiais.

Os resultados de uma pesquisa dependem de vários fatores, fundamentalmente dos métodos e caminhos trilhados no percurso das investigações. Dessa forma, faz-se necessário pormenorizar critérios, apontar os passos a serem trilhados e deixar transparentes os fundamentos e meios utilizados para se chegar a determinadas verdades, ainda que provisórias.

Amostra da Pesquisa

A presente pesquisa abrangeu 9 escolas, dentro de um universo de 10 escolas com atuação no fundamental I, localizadas na zona urbana e zona rural do município, no ano de 2014, com ênfase para 4 unidades, onde foram feitas entrevistas ampliadas com 4 professoras, acerca de aspectos estruturais e funcionais do sistema de ensino, relacionados de forma direta e/ou indireta ao PNAIC. A pesquisa estendeu-se também para membros da coordenação pedagógica e da coordenação do programa e abrangeu um conjunto de aproximadamente 612 alunos, conforme dados do Inep 2014, de um total de 745 alunos matriculados no ensino fundamental do município.

Descrição do Contexto de Pesquisa

Dentre o universo de instituições pesquisadas estarão as escolas localizadas no município de São Tomé, onde se desenvolve o PNAIC, de iniciativa do MEC do Brasil, iniciado no ano de 2013, em execução nas cidades com considerável índice de crianças não alfabetizadas, até os 8 anos de idade. Serão feitas pesquisas em 6 escolas do município, localizadas na zona urbana e zona rural na perspectiva de levantar dados, colher informações, visões e avaliações dos atores presentes nesses locais.

Sujeitos participantes da pesquisa

Foram entrevistadas 9 professoras, 1 coordenadora pedagógica e o coordenador geral do programa que atualmente estão desenvolvendo suas atividades em turmas do 1.º ao 4.º ano do ensino fundamental, além do coordenador geral do programa no município e uma coordenadora pedagógica.

As professoras e professores entrevistados ensinam em turmas do primeiro ao quarto ano do ensino fundamental, possuem mais de 15 anos de trabalho e são graduados com especialização em áreas vinculadas à educação básica.

No corpo desse texto, as professoras pesquisadas serão referenciadas de P1, P2, P3, P4, P5, P6, P7, P8 e P9; a coordenadora pedagógica de CP e o coordenador municipal programa de CMP.

Os professores P1, P2, P3 e P4, além dos coordenadores, responderam à pesquisa ampla, conforme disponível nos apêndices A, B e C; já os professores P5, P6, P7, P8 e P9 responderam às questões conforme questões do apêndice D.

O levantamento feito, conforme disposto no apêndice B, teve como objetivo detectar o quantitativo de alunos que chegaram ao quarto ano do ensino fundamental sem as habilidades e competências mínimas necessárias, para serem considerados alfabetizados, de acordo com a avaliação dos professores.

Os dados desse levantamento, em conjunto com aqueles demonstrados pela Avaliação Nacional da Alfabetização, responderam à questão central do trabalho, no que se refere ao aspecto quantitativo, enquanto a primeira parte, composta pelos apêndices A, B e C, jogaram luzes sobre a questão qualitativa, ambas na tentativa de identificar os efeitos do programa no município.

Coleta de Dados

Para a coleta de dados lançou-se mão de cinco instrumentos principais: as entrevistas, questionários, observação de encontros do Pacto, análises e estudos de documentos, site do Programa e outros, e em especial os dados da Avaliação da Alfabetização Nacional 2013-2014. As entrevistas foram realizadas entre novembro de 2014 e março de 2015 e seguiram a seguinte trajetória; primeiro entrevistou-se os professores, em seguida os coordenadores e, finalmente, procedeu-se às análises dos demais dados.

Contexto das escolas pesquisadas

As escolas pesquisadas encontram-se localizadas nas zonas urbana e rural do município de São Tomé, estando as escolas José Aribaldo e José Euzébio na zona urbana, e as escolas José Fidelis e Gabriel Lopes na zona rural. Atualmente, o município conta com 13 escolas, das quais 5 urbanas, sendo 1 infantil e 4 do ensino fundamental, sendo 1 da rede estadual e 8 escolas do campo, onde se desenvolve o ensino fundamental, como também o ensino infantil. De acordo com dados retirados do Site QEdu (2015), baseados no Censo de 2014, o município possuía uma matrícula correspondente a 2.831 alunos, dos quais 545 do ensino infantil; 1.520 do ensino fundamental I e II; 352 do ensino médio; e 414 das modalidades de Educação de Jovens e Adultos e Educação Especial.

Método da Pesquisa

Esta pesquisa se dá no campo das ciências sociais com todas as suas particularidades metodológicas e eventuais limitações. Busca fortemente o seu caráter original e atender critérios de rigorosidade, o que lhes confere confiabilidade e sustentação técnica, observando os passos do método científico, que conforme Martins e Theóphilo (2009, p. 37):

> [...] não é, nem mais nem menos, senão a maneira de se construir boa ciência: natural ou social, pura ou aplicada, formal ou factual. Vai-se gradativamente dominando-o à medida que se faz investigação original. Não se tem uma apreensão definitiva do método científico. Assim como a ciência, o método está sempre em devir.

Conforme mencionado supra, esta pesquisa ocorre no campo das ciências sociais, dentro da área da educação, caracterizando-se, segundo a sua finalidade, numa pesquisa aplicada, e os conhecimentos adquiridos nesta serão voltados para aplicação na área da educação, buscando equacionar o problema do analfabetismo de crianças até o terceiro ano do ensino fundamental.

De acordo com os objetivos propostos, esta pesquisa caracteriza-se como de natureza exploratório-explicativa. Para Gil (2010, p. 26), pesquisas com essas características têm o propósito de estreitar a familiaridade com o assunto, compreendê-lo com profundidade, buscando explicações convincentes para as razões do problema em estudo.

A pesquisa é de natureza quantitativa e qualitativa, embasando-se em pesquisas bibliográficas, documentais (planos de aula, atividades dos alunos, estatísticas oficiais), levantamentos, observações, entrevistas e questionários. Serão aplicadas também pesquisas de avaliação e proposição de planos e programas, estratégias de pesquisas voltadas para avaliar e proposição de políticas públicas, conforme Martins e Theóphilo (2009, p. 80).

Os métodos, estratégias e instrumentos de pesquisa visam identificar visões, dados e informações sobre questões ligadas a estrutura da escola, sala de aula e sistemas de ensino, como também da vida sócio-econômico-familiar dos educandos. Nessa linha, serão feitas abordagens diretas com professores, coordenadores pedagógicos, gestores, por meio de amostragem não aleatória, voltada para investigar um grupo de elementos dos quais se deseja saber a opinião, escolhido conforme critérios do pesquisador, segundo Martins (2012, p. 49).

Procedimentos para análise e interpretação de dados

Os resultados das pesquisas realizadas serão verificados por meio de análises objetivas e subjetivas, em face da natureza do elemento em estudo. As questões com caráter subjetivo serão analisadas por meio de raciocínios que se utilizam de procedimentos que se aproximam aos desenvolvidos nas escalas sociais e de atitudes, o que "[...] consiste basicamente em uma série graduada de item (enunciados) a respeito de uma situação objeto ou representação simbólica" (Martins; Theóphilo, 2009, p. 25).

Confiabilidade e extensão ou aplicabilidade da pesquisa

A confiabilidade de uma pesquisa está relacionada com um conjunto de fatores e elementos que formam um todo coerente, devendo obedecer a uma estruturação que considere diferente variáveis envolvidos no processo.

Em primeiro lugar, a pesquisa busca, de forma rigorosa, compreender o funcionamento do programa e detectar o seu impacto nos processos de alfabetização do município.

Em segundo lugar procurou-se, também, trabalhar com uma gama mais ampliada de categorias conceituais, elementos de pesquisa, dados comparativos, o contexto em que se dá o ensino, tudo isso na perspectiva de uma visão mais ampliada do programa.

Portanto, a partir da orientação do professor orientador, a pesquisa foi marcada pelo estabelecimento de critérios objetivos que dessem conta de explicar o impacto do programa, desde a delimitação do tema, definição de elementos e processos a serem investigados, objetividade na apresentação dos dados levantados – evitando interpretações pessoais – no intuito de prevenir o surgimento de lacunas, obscuridades.

Em sendo objeto do estudo um programa governamental na área de educação, procurou-se afastar as análises e conclusões prévias, *a priori*, que apontassem o programa como bem ou mal avaliado. As considerações e eventuais conclusões no limite pautaram-se em evidências verificáveis e comprovadas empiricamente, numa perspectiva "crítica", conforme Ball e Mainardes (2011, p. 13), sinalizando que o objetivo da pesquisa é compreender:

> A essência das políticas investigadas, com o cuidado para analisá-las de modo aprofundado, evitando-se toda e qualquer forma de legitimação; analisá-las de uma perspectiva de totalidade, estabelecendo os devidos vínculos com o contexto mais econômico, político e social, e analisar as relações das políticas com a justiça social.

Atentou-se, sempre que possível, para sugestões, observações, explicações, questionamentos dos sujeitos da pesquisa, independentemente do roteiro das questões postas e/ou da intencionalidade do sujeito, absorvendo-se tais manifestações, na íntegra ou em parte, segundo a relevância delas para o estudo.

Fases da Pesquisa

A pesquisa teve início desde o processo de decisão sobre a problemática a ser investigada, em virtude da ampla gama de temas e questões passíveis de análises e carentes de respostas. Após a definição do tema, passou-se ao levantamento de materiais para revisão bibliográfica, que fora feita durante parte do curso, inclusive na fase seguinte, que foi o período de trabalho de campo, em que se fez pesquisas entrevistas, levantamento de informações, participação em reuniões e outros.

Logo após, veio a fase da escrita, resultado dos estudos dos dados pesquisados, marcada por idas e vindas, incertezas, indefinições. Ao final, no entanto, diante das circunstâncias, considera-se que foi obtido um resultado positivo.

Detalhes dos Dados Coletados

A pesquisa abrangeu 9 das 10 escolas de ensino fundamental do município, englobando aproximadamente 612 alunos, conforme os dados do Inep de 2014, em um universo total de 745 alunos matriculados no ensino fundamental da rede.

Foram entrevistadas 9 professoras, 1 coordenadora pedagógica de turmas do primeiro ao quarto ano do ensino fundamental e o coordenador geral do programa. Para a coleta dos dados, lançou-se mão de 5 instrumentos principais, as entrevistas, questionários, observação, documentos, e os dados da Avaliação da Alfabetização Nacional 2013-2014.

Os dados pesquisados referem os aspectos qualitativos e quantitativos que perpassam pelas questões funcionais e estruturais do sistema, e vão até os índices de alfabetização locais no terceiro e no quarto ano do ensino fundamental, baseados nas informações dos professores e da ANA 2013-2014.

Capítulo 6

AS CONCEPÇÕES E PERCEPÇÕES DOS PROFISSIONAIS DA EDUCAÇÃO SOBRE A ALFABETIZAÇÃO E O PNAIC

Conforme discutido até o momento, o objetivo deste estudo é adotar uma abordagem que abranja um conjunto de variáveis, permitindo uma visão integrada e sistêmica do fenômeno educacional. Dessa forma, busco evitar a redução das análises a fatos isolados da realidade. Acredito que é um erro avaliar a educação sem a devida contextualização, mesmo que algumas variáveis, por si só, possuam grande relevância para os desdobramentos observados na área educacional, como, por exemplo, os métodos de ensino.

A ênfase aqui recai sobre a questão da alfabetização das crianças, função primordial da escola, na primeira etapa do ensino básico, considerada essencial para o prosseguimento adequado dela no sistema educacional. As várias aprendizagens do educando no ambiente escolar dependem, fortemente, do uso eficiente dos mecanismos envolvidos na leitura e na escrita.

Sem a habilidade de ler e escrever de maneira eficaz e apropriada, ou seja, em conformidade com os usos sociais estabelecidos, dentro do contexto das interações humanas que, na maioria das sociedades contemporâneas, são fortemente influenciadas por essa ferramenta moderna e essencial de criação e disseminação de valores e ideias, o processo de inclusão se torna bastante restrito. Isso contribui, de forma significativa, para a exclusão dessas crianças de um percurso educacional que as possibilite compreender os saberes das ciências, da arte e da cultura, uma vez que esses conhecimentos são, na escrita, a principal forma de registro e transmissão entre os indivíduos.

Não significa que a oralidade não possua relevância na transmissão desses saberes, porém, devido ao extraordinário acúmulo de informações e conhecimentos na história da humanidade, os saberes técnicos, científicos, literários etc. encontram-se registrados, nos milhões de livros físicos, e agora virtuais, produzidos pela humanidade ao longo da história.

Entender o porquê de setores da sociedade, especialmente pessoas oriundas das classes populares, não conseguirem apreender o código da língua escrita, ou seja, alfabetizarem-se, e desenvolverem a capacidade de compreender e se comunicar, de forma apropriada, por meio da escrita, e, assim, poder atingir elevados graus de letramento e de abstração, com base na apreensão dessa tecnologia, constitui-se numa tarefa basilar nesse processo de democratização da aprendizagem. Aliás, a democratização da escola pública, conforme nos indica Libâneo, em sua vasta obra, depende da aquisição dos conhecimentos produzidos pela humanidade, no seu processo evolutivo. A escola pública, em que estão os estudantes das camadas mais pobres da população, não terá cumprido seu papel, enquanto não garantir, efetivamente, a apropriação dessas ferramentas e saberes, aos que nelas se fazem presentes. É um desafio permanente, decerto, mas é a principal tarefa dos responsáveis pela organização e funcionamento da escola pública: professores, gestores (escolares e governamentais), familiares, demais poderes e organismos do Estado e a sociedade civil organizada. Sobre isso, Libâneo (2013, p. 43) afirma que o ataque ao fracasso escolar parte da alfabetização das crianças. Para o autor:

> [...] o domínio da leitura e da escrita, tarefa que percorre todas as series escolares é a base necessária para que os alunos progridam nos estudos, aprendam a expressar suas ideias e sentimentos, aperfeiçoem continuamente suas possibilidades cognoscitivas, ganhem maior compreensão da realidade social.

Para que encontremos os caminhos, as melhores estratégias e métodos para o enfrentamento dessa questão, é indispensável que ouçamos os atores envolvidos diretamente no processo, como gestores escolares, coordenadores e professores. É preciso escutar suas queixas, sugestões, pontos de vista e incorporá-las, sempre que fizer sentido e houver possibilidades, num processo mais amplo de revisão e aperfeiçoamento de práticas e ações.

Para alcançar esse objetivo, realizei um diagnóstico do ambiente escolar, abrangendo aspectos estruturais, conjunturais e funcionais. Minha intenção foi identificar, de maneira especial, as diversas formas de organização do trabalho pedagógico, a configuração física das instalações, os recursos materiais e humanos disponíveis, as normas que regem o funcionamento, a distribuição dos alunos nas salas e as mudanças ocasionadas pelo programa, entre outros fatores. Esse processo incluiu entrevistas, observações, anotações e a coleta de dados a partir de diferentes direções e perspectivas.

Darei início à apresentação dos resultados e das reflexões deste estudo, compartilhando as percepções e opiniões dos docentes das instituições investigadas sobre temas relacionados à alfabetização em si – aspectos práticos e metodológicos – assim como sobre os fatores que circundam a prática docente, impactando-a tanto de maneira direta quanto indireta na implementação de planos e nos resultados obtidos.

E devido a importância fundamental desses profissionais no cenário educacional, especialmente nos primeiros anos de ensino, quando a criança dá os primeiros passos em sua trajetória acadêmica e requer mais suporte e orientação para desenvolver conhecimentos, habilidades e atitudes que serão vitais para sua convivência social, familiar e escolar; iniciarei apresentando as visões e reflexões dos educadores das instituições de ensino investigadas. O objetivo é captar as percepções, perspectivas e informações que eles compartilham sobre o processo de ensino e aprendizagem, a estrutura das escolas e, particularmente, sobre o programa Alfabetização na Idade Certa.

Concepções dos Professores sobre a Alfabetização

Inicialmente, por entender que as concepções e visões sobre determinadas temáticas, no caso a alfabetização, consubstanciam as práticas e atitudes dos sujeitos, resolvi iniciar a exposição desses dados, tratando das impressões dos docentes sobre o conceito e as suas concepções de alfabetização. São aspectos bastante discutidos na área educacional, e têm sofrido transformações históricas importantes, agregando-se o uso eficaz da língua em contextos social, a compreensão textual etc.

Diante da questão colocada, obtive as seguintes respostas:

P1 disse que a alfabetização vai além, sendo necessário estar atento, nesse processo, à formação global do aluno.

P2 definiu a alfabetização como sendo um processo de apreensão e compreensão da língua escrita, por meio de códigos, permitindo a compreensão e expressão de significados, possibilitando ao homem fazer parte da sociedade de forma crítica e dinâmica; além de contribuir na construção da personalidade.

Para os educadores P3 e P4, o ato de alfabetizar envolve guiar o aluno na arte de ler e escrever textos; P3 compartilhou que alfabetizar implica ensinar a ler e escrever, enquanto P4 complementou que isso também abrange a leitura e a escrita de textos, ou seja, a habilidade de ler e escrever textos.

Essa é uma premissa relevante, em virtude da íntima relação entre as concepções dos docentes sobre o fenômeno da alfabetização e as práticas de ensino, desenvolvidas em sala de aula. A concepção, o entendimento que o professor tem sobre alfabetização, e de uma forma geral sobre a aprendizagem, o coloca numa "linha de trabalho" que pode contribuir com maior ou menor eficácia na sua atuação em sala de aula, com vistas ao objetivo central do processo.

Assim como em todas as áreas do conhecimento humano, as teorias e pensamentos foram elaborados e reelaborados no decorrer da história, e influenciam as práticas e as atividades desenvolvidas nos diversos campos pelos seres humanos. E nesse contexto inclui-se a educação e a alfabetização. Como nos diz Kolyniak Filho (1996, p. 112):

> [...] quando tomamos teoria e prática em sentido amplo, podemos afirmar que não há prática sem teoria, nem teoria sem prática. Isso equivale a dizer, também, que toda a atividade humana envolve algum grau de reflexão. Não obstante, é preciso considerar que a combinação entre prática, teoria e reflexão pode assumir formas muito diversas, variando de uma prática quase automatizada, com vaga consciência dos conceitos que a embasam, a uma teorização quase sem relação com a realidade concreta. Nesses casos extremos, o que definimos como reflexão ocorre em escala muito reduzida.

Assim, como mencionado anteriormente, mesmo que o indivíduo não tenha uma compreensão nítida sobre isso, suas ações e comportamentos são fundamentados em um sistema de pensamento que se desenvolve nesse percurso. Como observa Veiga (2008, p. 135): "[...] a teoria e a prática não existem isoladas, uma não existe sem a outra, mas se encontram em indissolúvel unidade. Uma depende da outra e exercem uma influência mútua, não uma depois da outra, mas uma e outra ao mesmo tempo".

Ainda nessa perspectiva, Waleska Dayse de Souza e Andrea Maturano Longarezi (2018) destacam que a formação dos profissionais formadores está fundamentada em três referenciais básicos. O primeiro consiste nas **referências memorizadas**, em que os professores utilizam, em seu "discurso pedagógico", uma linguagem memorizada, reproduzindo conceitos, ideias e teorias produzidas no meio acadêmico. Embora apresentem, aparentemente, segurança ao fazê-lo, essas mesmas referências nem sempre se manifestam de forma coerente nas práticas pedagógicas ou na organização didática do ensino.

O segundo refere-se às **referências empíricas**, que se apoiam na reprodução de outros modelos de ensino, seja de forma consciente, seja de maneira alienada. Embora essas referências possam contribuir para o desenvolvimento profissional dos docentes, muitas vezes as atividades acabam restritas a uma execução repetitiva – o "fazer pelo fazer" –, sem avanços qualitativos que levem à formulação de um pensamento pedagógico mais aprofundado.

Por fim, as **referências da práxis** refletem uma atuação consciente e intencional dos professores, tanto em termos teóricos quanto práticos. Nesse caso, o docente demonstra uma apropriação crítica dos conceitos científicos do campo do ensino, atribuindo-lhes significado pessoal e coerente com um contexto social mais amplo. Além disso, consegue objetivar essa compreensão em sua prática pedagógica, evidenciando o princípio da práxis educativa.

Diante dessas reflexões sobre as bases que sustentam a prática docente e suas implicações, procurei identificar os autores que fundamentam as ações do grupo de educadores analisados, fornecendo suporte para suas práticas no processo de ensino e aprendizagem. É importante ressaltar que, no Brasil, os professores que atuam nas classes de alfabetização devem possuir graduação na área. Presume-se, portanto, que todos tenham adquirido um arcabouço teórico capaz de orientar suas ações didático-pedagógicas.

Com base na pesquisa realizada, constatei que entre os autores referenciados pelos professores estão aqueles mais destacados e citados, nas últimas décadas, no Brasil, nesse campo, com grande influência tanto na formação dos profissionais quanto nas práticas em sala de aula, mesmo que apenas como uma referência memorizada, já que ainda são muito presentes em nossas escolas os princípios de alfabetização baseados em cartilhas e métodos tradicionais.

Quadro 2 – Autores referenciados pelo grupo de docentes pesquisados

P1	P2	P3	P4
EMÍLIA FERREIRO JEAN PIAGET	EMÍLIA FERREIRO PAULO FREIRE	EMÍLIA FERREIRO MARLENE CARVALHO	JEAN PIAGET

Fonte: dados da pesquisa, 2015

Observa-se, nas declarações dos educadores, uma inclinação para abordagens pedagógicas fundamentadas nas teorias construtivistas, cujos representantes mais destacados são Jean Piaget e Emília Ferreiro, especialmente no campo da alfabetização. É necessário notar que a prática não abrange a teoria em sua totalidade, conforme aponta Demo (2014, p. 61), "[...] a prática não se restringe à aplicação concreta dos conhecimentos teóricos, por mais que isso seja parte integrante. Prática, como teoria, perfaz um todo, e como tal está na teoria, antes e depois". E dessa forma, é natural identificar, nas práticas, ações e procedimentos que não convergem integralmente para as teorias e pensamentos anunciados. Porém, é relevante saber e pontuar que os professores tinham referências conscientes.

A Questão dos Métodos

Na segunda questão, procurou-se saber sobre a questão dos métodos de alfabetização, utilizados nas suas práticas das professoras, e foi detectado que elas utilizam metodologias de ensino distintas:

P1 – Parte do global para o geral, por meio de textos e palavras de sentido prático e significativo para os estudantes.

P2 – Primeiro, conhecer as letras; depois, as sílabas; em seguida a formação de palavras, frases e textos de forma contextualizada.

P3 – Partindo do nome do aluno; de textos; sempre do global para o específico.

P4 – Partindo das letras, sílabas, palavras, frases e textos.

Como se vê, dos professores entrevistados falaram de forma enfática sobre os caminhos que percorrem no processo de ensino na alfabetização das crianças. Não foi possível investigar de fato, in loco, a regularidade e a constância desses métodos no quotidiano escolar. O fato é que se percebe uma consciência dos professores no que se refere à necessidade de utilizar-se um método de trabalho, um caminho, na alfabetização das crianças. Conforme Jalil e Procailo (2009, p. 783):

> A seleção dos encaminhamentos metodológicos mais adequados para o contexto em que o professor está inserido não pode acontecer de forma eclética e aleatória, sem reflexão. Para Kumaravadivelu (1994:30), "o ecletismo em sala de aula, invariavelmente, se transforma numa pedagogia assistemática, acrítica e sem princípios". Justamente por isso, a escola pode ser um lugar onde o professor encontra espaço para refletir sobre teorias e concepções diversas, fazendo uso crítico e consciente do que julgar adequado em quaisquer instâncias, linguísticas, pedagógicas ou didáticas. Uma mudança de postura do professor deve trazer consigo uma combinação de conhecimento de área, consciência sobre sua prática pedagógica e tomada de ação para fazer a diferença em sala de aula. Essa combinação de fatores leva ao que Perrenoud (2002) chamou de competência profissional do professor. E, se concebermos o aperfeiçoamento como desenvolvimento contínuo, o espaço de trabalho possibilita essa construção colaborativa entre professor e aluno e, consequentemente, o crescimento individual na coletividade.

Estratégias de Ensino

É fundamental ressaltar mais uma vez que a atuação desses educadores é influenciada pelo pensamento construtivista, uma vez que sua trajetória formativa no município se baseou, em grande medida, nas últimas décadas, nas concepções construtivistas da aprendizagem, especialmente após a introdução dos Parâmetros Curriculares Nacionais (PCN), que possuem como concepção de ensino-aprendizagem o construtivismo (PCN, 2001 *apud* Camacho, 2008, p. 40):

> Neste sentido, os PCNs assumem como concepção teórica de ensino-aprendizagem o construtivismo: A perspectiva construtivista na educação é configurada por uma série de princípios explicativos do desenvolvimento e da aprendizagem humana que se complementam, integrando um conjunto orientado a analisar, compreender e explicar os processos escolares de ensino e aprendizagem.

Nota-se, igualmente, que não há uma definição ou orientação clara para que os educadores da rede adotem um método específico de alfabetização. Enquanto P4 e P2 se concentram nas letras, P1 e P2 se fundamentam em textos e/ou palavras contextualizadas. Essa abordagem, tanto por parte do órgão central do município quanto das gestões escolares, está em sintonia com as diretrizes do MEC, as quais podem ser consultadas no Manual do Pacto pela Alfabetização, que não impõe a escolha de um método particular para o processo.

Independentemente dessa questão, pode-se inferir, a princípio, que é adequado não exigir dos educadores a adesão a princípios e fundamentos de um método específico, uma vez que os resultados, sejam eles positivos ou negativos, não estão necessariamente vinculados a um método em particular. Assim, essa escolha cabe aos profissionais da educação; manifestando-se nas estratégias didático-pedagógicas que eles desenvolvem em sala de aula, levando em consideração os diferentes momentos e circunstâncias da prática docente, com o objetivo de alcançar as metas e resultados nas situações concretas. E o desenvolvimento desses mecanismos de trabalho por parte dos professores, direcionados aos estudantes, proporcionarão, inclusive, meios de ajudá-los na elaboração de suas estratégias de aprendizagem, que se tratam, conforme Felicorni (2017, p. 16), de:

> [...] técnicas utilizadas para se adquirir informação, permitindo que o estudante processe, organize, retenha e recupere uma determinada informação (Da Silva & De Sá, 1997; Woolfoolk, 2000). Podem ser de dois tipos: cognitivas e metacognitivas. As

> cognitivas dizem respeito à forma de a pessoa compreender as partes para entender o todo, isto é, correspondem à maneira pela qual o estudante organiza, armazena e elabora informações. Já as metacognitivas correspondem aos recursos que o indivíduo utiliza para planejar, monitorar e regular seu próprio pensamento.

Sobre essa questão, os professores afirmam que desenvolvem em sala de aula um conjunto de estratégias, visando ajudar os alunos com déficit no processo de alfabetização, de acordo com o nível de aprendizagem de cada estudante.

P1 – disse realizar algumas atividades diferenciadas com base no nível de desenvolvimento.

P2 – afirmou também que as atividades são diferenciadas com base no nível de desenvolvimento de cada aluno.

P3 – utiliza os Jogos de Alfabetização como principal estratégia de ensino.

P4 – disse que forma grupos de alunos com mais necessidades e realiza algumas atividades diferenciadas, além de outras atividades.

Nota-se que as abordagens pedagógicas dos educadores se tornam mais significativas por estarem diretamente ligadas à missão essencial da escola, especialmente no ensino fundamental, que é assegurar a todos os alunos a aquisição das competências esperadas para cada série e/ou modalidade de ensino. A legislação brasileira, por sua vez, reforça essa diretriz ao estipular no artigo 13, inciso IV, da Lei n.º 9.394/1996, a Lei de Diretrizes e Bases da Educação Nacional (LDB), que os docentes devam "[...] estabelecer estratégias de recuperação para os alunos de menor rendimento" (Brasil, 1996).

Tais estratégias são fundamentais para enfrentar esse enorme desafio, ainda presente em nosso país, visto que parte elevadíssima da população brasileira fora/é excluída dos processos educativos formais, conforme se reflete nos índices auferidos na atualidade e, especialmente, em períodos mais remotos. Conforme Stamato (1993, p. 14):

> [...] a população do Brasil em sua maior parte, foi analfabeta durante todo o século XIX. Tem-se dados oficiais, para os anos de 1872 e 1890, que apontam para o índice ao redor de 85% de analfabetismo para a população geral. A província do Rio Grande do Norte não fugia à regra geral de baixo nível de escolarização, em relação às outras províncias brasileiras. Para a província, os censos de 1872 e 1890 apontavam 83% e 84,6% respectivamente de analfabetos sobre o total de habitantes.

As pessoas viviam em um estado de analfabetismo devido à falta de instituições educacionais, à falta de motivação para se alfabetizarem e, acima de tudo, pela inexistência de um projeto nacional voltado para o conhecimento, deixando esse processo nas mãos de cada indivíduo, que se via obrigado a contratar tutores pessoais ou escolas religiosas para aprender a ler e escrever, conforme mencionado por Stamatto (1996, p. 14):

> Sabe-se, através da literatura, de relatos de viajantes e documentos oficiais, que a faixa dos 15% alfabetizados dispunham – para seu processo de escolarização – de professores particulares, muitos chamados de preceptores, de alguns colégios particulares, laicos ou religiosos, ou das escolas públicas a cargo das províncias desde 1834.

Na atualidade, aqui no Brasil, a questão do acesso à escola está praticamente resolvida, tanto do ponto de vista formal, por exigência da legislação do país, quanto do ponto de vista objetivo. Os índices de pessoas totalmente desescolarizadas é bastante reduzido, apesar da evasão e da frequência irregular de parte das crianças à escola.

As estratégias e esforços devem, portanto, direcionar-se para a otimização do desempenho na aquisição de habilidades e competências fundamentais para avançar na educação e atender às demandas da sociedade. É vital, nesse contexto, reconhecer os fatores que promovem ou dificultam esse processo, que, segundo os docentes entrevistados, resulta de uma combinação de elementos que podem impactar de maneira positiva ou negativa, conforme o quadro a seguir.

Quadro 3 – Respostas dos(as) professores(as) sobre fatores positivos e negativos com interferência no processo de alfabetização

PROFES-SOR(A)	FATORES POSITIVOS	FATORES NEGATIVOS
P1	A REGULARIDADE DAS AULAS; A INTERAÇÃO COM A FAMÍLIA; O MATERIAL DIDÁTICO.	IRREGULARIDADE DAS AULAS; INTERAÇÃO BAIXA COM A FAMÍLIA; MATERIAL DIDÁTICO DISPONÍVEL.
P2	MATERIAL PEDAGÓGICO DE QUALIDADE; LIVROS DE LITERATURA INFANTIL; AJUDA DA FAMÍLIA.	IRREGULARIDADE DA FREQUÊNCIA DO EDUCANDO; FAMÍLIA AUSENTE; IRREGULARIDADE DAS AULAS.
P3	JOGOS DE ALFABETIZAÇÃO; RODA DE CONVERSA; RODA DE LEITURA.	CLASSE INDISCIPLINADA; EQUIPE PEDAGÓGICA; TROCA DE PROFESSOR X VOLANTES.
P4	INCENTIVO PARA A LEITURA; AUXÍLIO DA FAMÍLIA.	TURMAS MULTISSERIADAS, EM VIRTUDE DA NECESSIDADE DE SE TRABALHAR COM CONTEÚDO DIFERENTES ETC. AUSÊNCIA DO ALUNO NA ESCOLA.

Fonte: dados da pesquisa, 2015

Como frisado anteriormente, numa perspectiva ou noutra, a visão dos que estão no chão da escola demonstra, pela variedade de respostas, que a resolução dessa questão passa, necessariamente, pelo estabelecimento de um conjunto de medidas de ordem intra e extraescolar, que sejam capazes de potencializar as ações/situações favorecedoras do processo de alfabetização, como também daquelas que extingam e/ou minimizem situações que obstaculizam o desenvolvimento das crianças na aquisição da escrita alfabética.

São muitos os fatores estão entrelaçados nesse processo, abrangendo desde aspectos organizacionais na escola, como a disposição das salas de aula e as metodologias aplicadas, até a origem socioeconômico-cultural dos alunos.

A indisciplina, por exemplo, um dos pontos muito citados pelos professores nas relações na sala de aula, é vista como algo extremamente prejudicial ao processo de ensino-aprendizagem, merecendo, por isso, ser estudada e compreendida para uma melhor intervenção, mesmo não sendo um dos maiores problemas das turmas pesquisadas, pois, conforme afirmado pelos professores entrevistados, as suas respectivas turmas possuíam um comportamento bom, muito bom e ótimo. **P3** afirmou que o comportamento da turma em que ela leciona era ótimo. É importante destacar que **P3** acompanhou a turma atual, desde o 1.º ano, e todos os alunos, exceto A1, obteve êxito no processo de alfabetização, ao final do ciclo.

Atenção e Participação dos Alunos

Assim como a questão da indisciplina e, talvez, em um grau ainda mais acentuado, a atenção e participação dos alunos nas atividades realizadas em sala de aula figuram entre os aspectos mais mencionados pelos educadores em pesquisas sobre aprendizado e qualidade do ensino. Isso se torna especialmente relevante nesse nível de ensino, onde os alunos apresentam uma propensão natural à dispersão e à rápida mudança de foco.

Dada a importância desse fator para a presente pesquisa, buscou-se compreender as percepções dos professores entrevistados a respeito de suas turmas nesse aspecto. Curiosamente, todos teceram comentários negativos sobre essa questão, exceto o professor P1, que declarou que "a atenção e participação da turma eram satisfatórias", conforme se pode observar nas falas a seguir:

P1 – Considerou o comportamento da turma como bom, apesar da desatenção de um grupo de alunos.

P2 – Alguns alunos atrapalhavam o andamento das aulas – alega que a turma era multisseriada e parte dos alunos eram não alfabetizados, isso dificultava o andamento das aulas.

P3 – Considerou que a turma é atenciosa e participativa, e alguns problemas eventuais se resolvem facilmente em conversas com os pais, quando eles vêm à escola deixar ou pegar os alunos.

P4 – Considerou como regular o grau de atenção e comportamento dos alunos.

Questões como indisciplina, desatenção e a limitada participação nas aulas se tornam temas frequentes nas discussões e reuniões entre educadores. As queixas nesse aspecto são numerosas e revelam os desafios enfrentados pela escola pública. Essas expressões dos alunos, tão evidentes no dia a dia escolar, surgem de uma variedade de fatores, alguns dos quais estão ligados à fraca identificação com os valores promovidos pela instituição e com sua estrutura organizacional e operacional, o que, por sua vez, impacta na motivação dos estudantes.

A motivação do Aluno

Essa é outra questão frequentemente reclamada por professores e gestores escolares – a falta de estímulos e vontade dos alunos para realizar as atividades propostas no quotidiano escolar, – além da frequência irregular e até a evasão do espaço escolar, resultando em baixo rendimento acadêmico, mau comportamento em sala de aula, falta de compromisso com o estudo, reprovações. Tais comportamentos podem indicar desmotivação do estudante, algo que não pode, conforme Braghirolli (2012, p. 99), "[...] ser diretamente observado, inferimos a existência ou não da motivação, observando o comportamento".

Ainda segundo Braghirolli (2012, p. 100):

> [...] "um comportamento motivado se caracteriza pela energia relativamente forte nela dispendida e por estar dirigido para um objetivo ou meta". Um homem anda rapidamente pelas ruas, na busca persistente de uma farmácia, um jovem vai para a universidade para ser médico, um delinquente assalta um cidadão, um rapaz convida uma moça pra sair. Estas pessoas estão nos fornecendo exemplos de comportamento motivado.

Dessa forma, é essencial que se examine, de maneira profunda, essa questão, levando em conta o poder transformador que emana do estado de um indivíduo motivado a realizar ações concretas. Questionados sobre os incentivos dados pela escola, para que os alunos percebam a importância da leitura e da escrita, os entrevistados responderam o seguinte:

P1 – Sim, por meio de projetos, do contexto, do dia a dia do aluno.

P2 – Sim, por meio das metodologias aplicadas, histórias, contos, rodas da conversa.

P3 – Sim, por meio da roda de leituras, jogos de alfabetização. P3 acrescenta que os que os alunos gostam muito da leitura.

P4 – Especialmente, por meio de conversas, falando da importância de eles mesmos chegarem alfabetizados ao 4.º ano.

As declarações dos educadores revelam claramente a dedicação deles em elaborar estratégias em diversos momentos e ambientes, visando engajar as crianças nas propostas e atividades realizadas dentro da escola. Eles trazem narrativas, contos, projetos, elementos do dia a dia, visões de futuro e buscam constantemente o apoio da família, da comunidade escolar e das instituições governamentais.

O Papel da Família e a Dimensão do Direito

Embora os educadores se empenhem em incentivar os alunos a valorizarem a leitura e a escrita, essa tarefa nem sempre se revela simples, uma vez que os processos motivacionais estão entrelaçados com uma série de fatores mais abrangentes. Como menciona Braghirolli (2012, p. 101), esses fatores podem ser de natureza fisiológica ou relacionadas à sobrevivência; de natureza social e de interação; e aqueles que envolvem o eu em suas diversas dimensões. Assim, é fundamental que haja a participação de todos: professores, escolas, famílias, sociedade e o poder público. Para Fraiman (1997, p. 33):

> [...] a participação dos pais na educação é essencial para o desenvolvimento escolar de seus filhos. Para estes autores, é a família que promove o suporte social, cultural e emocional das crianças. Assim sendo, as escolas deveriam criar condições e oportunidades para que os alunos tenham interações positivas com os adultos que os criam de forma a melhorar suas experiências em casa, o que beneficiaria as atividades realizadas na escola.

Sabendo-se que, historicamente, a educação brasileira foi direcionada para uma minoria, enquanto parcelas enormes da população foram excluídas da escola, em função da estruturação inerente ao modelo de sociedade vigente no Brasil, faz-se necessário um olhar mais atento para essas questões, de ordem econômico-social, pois elas têm repercussão óbvia no envolvimento/relação família-escola. Nesse sentido, Garcia (2012, p. 9), ao tratar do fenômeno da alfabetização dos alunos das classes populares, afirma que "[...] a alfabetização dos alunos das classes populares continua a ser, neste final de século, um desafio à aqueles que não se conformam com o status quo".

Não há dúvidas, enfim, da relevância dessa aliança com a família, nesse espaço essencial para o desenvolvimento de seus filhos, devendo-se garantir, conforme Silveira (2006, p. 84), abertura da escola:

> Em todo momento, à participação dos pais dessas crianças, inclusive no que se refere à presença em determinadas aulas, para que esteja claro, para os pais, a seriedade da proposta pedagógica específica para seu filho, bem como para que se possa instrumentalizar os pais para atividades possíveis de serem realizadas em casa.

Nessa perspectiva, os professores pesquisados informaram, durante a entrevista, que incentivam as famílias de seus alunos a valorizarem a leitura e a escrita, conforme vemos em suas falas a seguir:

P1 – Sim, em reuniões.

P2 – Sim, pedindo para que acompanhem as tarefas de casa e nas reuniões. Ela destaca que as crianças que são acompanhadas têm um rendimento bem melhor.

P3 – Sim, em reuniões bimestrais e nas comunicações diárias sobre as atividades escolares.

P4 – Pedindo para ajudar nas tarefas e acompanhar na escola.

É possível notar, nas expressões dos educadores, o anseio deles por um apoio das famílias, assim como da comunidade escolar como um todo, para alcançar a meta maior estabelecida para esse período. Essa não é uma tarefa simples, especialmente para as camadas sociais da classe trabalhadora, que historicamente enfrentam uma carga ideológica negativa em relação aos propósitos da educação. Muitas vezes, aceitam as condições de ensino precárias e se conformam com o desempenho de seus filhos no sistema educacional.

Dessa forma, reconhecer e valorizar a educação como um bem fundamental para o crescimento e desenvolvimento de uma sociedade é um passo rumo a um mundo verdadeiramente civilizado. Essa transformação depende da colaboração de toda a sociedade, assim como da convergência de interesses e intenções.

Por isso, a Constituição Federal, em seu artigo 2015, define que "[...] a educação, direito de todos e dever do estado e da família será promovida e incentivada com a colaboração da sociedade, visando ao pleno desenvolvimento da pessoa, seu preparo para o exercício da cidadania e sua qualificação para o trabalho"; e a LDB determina em seu artigo 3.º que deve ser ministrado com base em diversos princípios, dentre os quais:

> I – igualdade de condições para o acesso e permanência na escola; VI – gratuidade do ensino público em estabelecimentos oficiais; IX – garantia de padrão de qualidade. (Brasil, 1996).

Já o Plano Nacional de Educação (PNE) – Lei n.º 13.005/2014 – em seu Art. 2.º possui em todas as suas diretrizes o espírito da construção de uma sociedade mais justa, por meio de uma educação de qualidade, preconizar o(a):

> I – erradicação do analfabetismo; II – universalização do atendimento escolar; III – superação das desigualdades educacionais, com ênfase na promoção da cidadania e na erradicação de todas as formas de discriminação; IV – melhoria da qualidade da educação; V – formação para o trabalho e para a cidadania, com ênfase nos valores morais e éticos em que se fundamenta a sociedade; VI – promoção do princípio da gestão democrática da educação pública; VII – promoção humanística, científica, cultural e tecnológica do país; VIII – estabelecimento de meta de aplicação de recursos públicos em educação como proporção do Produto Interno Bruto – PIB –, que assegure atendimento às necessidades de expansão, com padrão de qualidade e equidade; IX – valorização dos(as) profis-

sionais da educação; X – promoção dos princípios do respeito aos direitos humanos, à diversidade e à sustentabilidade socioambiental. (Brasil, 2014).

No entanto, apenas o arcabouço jurídico não é suficiente para alcançar esse objetivo; é fundamental que toda a sociedade, juntamente com as famílias mais diretamente ligadas à educação de seus filhos, se mobilizem de maneira intensa para assegurar a efetividade dessas diretrizes legais – é o verdadeiro exercício da cidadania. Sem dúvida, existe uma lacuna entre o que está legislado e o que é realmente colocado em prática. Por isso, é vital que todos desempenhem seu papel nessa batalha pela democratização da educação no Brasil.

Nesse contexto, a colaboração entre a escola e as famílias deve ser aprofundada, uma vez que as iniciativas que podem surgir dessa parceria têm o potencial de ser bastante impactantes. Tal colaboração visa combater a lógica que perpetua a exclusão de segmentos da população no acesso a uma educação de qualidade; traduzindo-se, assim, em ações significativas que promovem a valorização da educação por esses grupos sociais.

Dessa forma, é possível unir as lutas e debates em prol de uma escola que ofereça um padrão elevado de qualidade para todos os cidadãos e cidadãs, enquanto, simultaneamente, se trabalha em conjunto com as famílias em diversos aspectos relacionados à alfabetização das crianças. Conforme Cisotto e Barbosa (2009, p. 246), a aprendizagem da leitura convencional se inicia desde as atividades mais precoces da criança, por meio de diversas atividades diárias que envolvem a leitura e a escrita, na convivência familiar, denominada de alfabetização emergente, que consiste num:

> [...] processo que antecede o domínio convencional da leitura e da escrita, abrangendo hipóteses, conhecimentos, comportamentos e habilidades referentes à língua escrita e que podem ser desenvolvidos por uma criança ainda não alfabetizada. Presume-se que o conjunto de tais habilidades e conhecimentos sejam os reais precursores evo-

lutivos da aprendizagem da leitura e da escrita, considerando também os ambientes e as situações sociais e educativas que propiciam o desenvolvimento e a aquisição das mesmas.

Assim, é imprescindível dedicar tempo e esforço a essa temática, pois é fundamental que as famílias entendam, por exemplo, aspectos relacionados à educação e aos processos de alfabetização. Desse modo, a escola poderá atuar de forma mais eficaz, ajudando a família a reconhecer a importância da educação para o desenvolvimento individual, social e comunitário e o quanto a alfabetização da criança, no tempo adequado, faz diferença no prosseguimento dos estudos e, portanto, melhores resultados poderão advir desses momentos e realizações.

O Reforço Escolar e o Mais Educação

É fundamental que haja um comprometimento coletivo de toda a comunidade escolar para assegurar, por exemplo, que os alunos com níveis de aprendizagem aquém do esperado tenham a oportunidade de participar de aulas no contraturno (o reforço escolar), possibilitando assim um progresso significativo na aprendizagem da leitura e da escrita. Sobre essa questão, os professores pesquisados foram unânimes em afirmar que seus alunos com déficit de aprendizagem nos processos de leitura e escrita não possuem aulas de reforço, com foco na leitura e na escrita. Afirmaram que parte dos alunos está no Programa Mais Educação, desenvolvendo atividades sem foco na aprendizagem da leitura e da escrita, como também não há uma exigência formal de participação dos estudantes nas atividades do programa. **P1**, **P2** e **P4** destacaram de forma direta que seus alunos nem são atendidos pelo Programa Mais Educação (pelo fato de ainda não ser oferecido naquelas escolas) e nem participam de quaisquer atividades de reforço.

P3 disse que os professores sugeriram que fossem oferecidas aulas de reforço, entretanto a gestão escolar informou da impossibilidade da oferta de tais aulas. Disse ainda que os alunos com déficit de aprendizagem estão no Programa Mais Educação, porém não há exigência de participação dos estudantes nas atividades e/ou qualquer comunicação entre ela (professora) e os monitores do programa.

Portanto, conforme evidenciado nas respostas das educadoras, nota-se a ausência de um processo estruturado e sistemático de atividades e intervenções destinadas a corrigir as distorções no percurso de aprendizagem dos alunos das instituições analisadas. Isso sugere, a princípio, que os estudantes dessas escolas, que apresentam dificuldades de aprendizado, enfrentarão consideráveis obstáculos para alcançar e/ou poderão não atingir as metas educacionais esperadas para suas respectivas etapas de ensino, o que impactará negativamente sua trajetória escolar. Ademais, isso compromete iniciativas mais amplas no campo educacional, incluindo o programa em questão. É fundamental que tais programas observem a essa questão, com maior atenção, visando auxiliar nas estratégias implementadas nas salas de aula regulares.

Neste tópico, busca-se ressaltar a relevância que as atividades complementares podem ter no processo educacional das crianças, especialmente aquelas que frequentam escolas públicas, geralmente com acesso limitado ao universo da leitura e da escrita em suas funções mais essenciais do ponto de vista social.

O Programa Mais Educação, que é uma ação do MEC do Brasil, faz parte de um conjunto de ações nessa linha, atuando em torno da efetivação da escola em tempo integral no país. O referido programa, conforme informações extraídas do Site do MEC, foi "[...] instituído pela Portaria Interministerial n.º 17/2007 e regulamentado pelo Decreto 7.083/10, constitui-se como estratégia do MEC para induzir a ampliação da jornada escolar e a organização curricular na perspectiva da Educação Integral".

De acordo com as finalidades do programa, inscritas no artigo 2.º, inciso II, da Portaria Interministerial n.º 17, de 24 de abril de 2007, visam "[...] contribuir para a redução da evasão, da reprovação, da distorção idade/série, mediante a implementação de ações pedagógicas para melhoria de condições para o rendimento e o aproveitamento escolar".

Em se tratando ainda da base legal do programa, o Decreto n.º 7.083, de 27 de janeiro de 2010, reafirma a finalidade de contribuir para a melhoria da aprendizagem por meio da ampliação do tempo de permanência de crianças, adolescentes e jovens matriculados em escola pública, mediante oferta de educação básica em tempo integral e destaca no inicialmente, dentre as atividades previstas, aquelas voltadas para o acompanhamento pedagógico (obrigatórias para adesão das escolas ao programa), reforçado pelo Manual de Educação em Tempo Integral de 2013 que nesse Macrocampo coloca a questão da alfabetização e letramento como primeira atividade suscitada.

> O Macrocampo Acompanhamento Pedagógico continua sendo obrigatório, agora com apenas a atividade Orientação de Estudos e Leituras que contemplará as diferentes áreas do conhecimento, envolvendo todas as atividades anteriormente (alfabetização, matemática, história, ciências, geografia, línguas estrangeiras e outras). A atividade tem por objetivo a articulação entre o currículo e as atividades pedagógicas propostas pelo PME. Essa atividade será realizada com duração de uma hora e uma hora e meia, diariamente, sendo mediada por um monitor orientador de estudos, que seja preferencialmente um estudante de graduação ou das licenciaturas vinculado ao PIBID (Programa Institucional de Bolsa de Iniciação à Docência), ou ainda, estudantes de graduação com estágio supervisionado.

Mas os dados obtidos, junto aos professores, demonstram uma falta de sintonia entre as diretrizes do programa e as práticas desenvolvidas no âmbito do programa na rede municipal, conforme destacado no quadro a seguir:

Quadro 4 – Respostas dos professores sobre a relação do Programa Mais Educação e o PNAIC

QUESTÕES	P1	P2	P3	P4
OS ESTUDANTES DE SUA SALA DE AULA, COM DÉFICIT DE APRENDIZAGEM EM LEITURA E ESCRITA, ESTÃO MATRICULADOS NO PROGRAMA MAIS EDUCAÇÃO?	NÃO	NÃO	SIM	NÃO
EXISTE COMUNICAÇÃO ENTRE OS MONITORES DA MAIS EDUCAÇÃO E OS PROFESSORES ALFABETIZADORES?	NÃO	NÃO	NÃO	NÃO
OS ALUNOS QUE ESTÃO INSCRITOS NAS ATIVIDADES DE REFORÇO TÊM A OBRIGAÇÃO DE PARTICIPAREM DAS ATIVIDADES?	NÃO	NÃO	NÃO	NÃO
DE QUE FORMA AS FAMÍLIAS E ESTUDANTES SÃO RESPONSABILIZADAS PELO NÃO COMPARECIMENTO ÀS AULAS DE REFORÇO?				

Fonte: dados da pesquisa, 2015

As respostas de **P1**, **P2** e **P4** foram negativas e idênticas, visto que nas escolas em que lecionam o programa não fora instalado. Sobre a obrigatoriedade dos estudantes de participarem das atividades do programa, **P3** informou que "não há exigência de participação dos estudantes".

A filosofia do programa Mais Educação (semelhante a outros programas de escolas de tempo integral) expressava de maneira evidente a preocupação com a melhoria da aprendizagem dos alunos, mediante atividades pedagógicas, artísticas, esportivas e culturais. Como já mencionado, havia um enfoque particular nas questões pedagógicas, especialmente no que diz respeito à alfabetização e ao letramento.

Entretanto, conforme revelado nas respostas dos educadores, as diretrizes e normas do programa não foram implementadas de acordo com a sua proposta original, o que prejudicou, portanto, os resultados almejados. Observa-se uma falta de sistematização e continuidade nas ações do programa, além de uma desconexão com a rede regular de ensino, e uma comunicação insuficiente entre os envolvidos no planejamento e na execução das atividades específicas, especialmente no que tange à alfabetização. Embora os resultados não sejam inexistentes, eles poderiam ser ampliados e evidenciados de forma mais clara.

Esse descompasso comprometeu não apenas a realização das metas do programa, mas também a elevação dos níveis de aprendizagem das crianças e o desenvolvimento do sistema educacional de maneira abrangente, exigindo um aproveitamento mais eficaz dos recursos investidos, por meio de uma estratégia bem orientada e planejada de forma coerente.

O planejamento e o Tempo escolar

Na esfera da educação formal, o planejamento, frequentemente expresso por meio de planos, detém uma importância significativa, e o calendário escolar se revela como uma ferramenta fundamental nesse contexto. No Brasil, conforme estipulado pela LDB, Art. 24, é imprescindível que o calendário escolar atenda a um mínimo de 200 dias letivos.

A lei supracitada prevê também que a educação escolar do Brasil é composta de educação básica; formada pela educação infantil, ensino fundamental e ensino médio e a educação superior. O ensino fundamental foi estendido para 9 anos conforme a Lei 11.274/2006: "[...] o ensino fundamental de obrigatório, com duração de 9 (nove) anos, gratuito na escola pública, iniciando-se aos 6 (seis) anos de idade, terá por objetivo a formação básica do cidadão".

Além disso, o PNE – Lei 13.005/2014 – determina na Meta 6 a elevação desse tempo, por meio da escola em tempo integral, visando: "[...] oferecer educação em tempo integral em, no mínimo, 50% (cinquenta por cento) das escolas públicas, de forma a atender, pelo menos, 25% (vinte e cinco por cento) dos (as) aluno (as) da educação básica".

O fator tempo, portanto, está totalmente demarcado no processo educacional oficial brasileiro, estabelecendo a obrigatoriedade de se cumprir tempos mínimos, para obtenção de graus de escolaridade, plenamente certificados, e aptos a atuar na sociedade como um cidadão capaz de agir com autonomia em defesa de seus direitos e da cidadania.

Nesse ponto, os profissionais entrevistados afirmaram que não há observância dessa questão no município, inclusive na zona urbana.

> **P1** – Não, o calendário não é cumprido, é bastante irregular, em virtude de falta de transporte, água, merenda etc.

> **P2** – Não, o calendário não é cumprido, é bastante irregular, em virtude de falta de transporte, água, merenda etc.

> **P3** – Não, o calendário não é cumprido, por falta de merenda, água, feriados facultativos.

> **P4** – Normal, porém em alguns dias as aulas encerram-se às 9h.

Os dados coletados revelam, assim, que o calendário escolar, peça-chave para a organização do planejamento educacional, não está sendo devidamente respeitado, em desacordo com a legislação vigente no país. Todos os participantes da pesquisa apontaram a irregularidade das aulas, provocada, por exemplo, pela falta de alimentação escolar ou transporte, o que fere os direitos dos estudantes, conforme estabelecido na Constituição Federal.

Essas iniciativas visam atenuar os impactos das desigualdades socioeconômico-culturais, que são, em parte, responsáveis pelos "[...] problemas que temos enfrentado nos resultados da alfabetização no Brasil" (Frade, 2007, p. 74). Portanto, a não garantia efetiva da quantidade mínima de dias e horas de estudo compromete severamente os resultados de qualquer proposta, projeto ou atividade desenvolvida no contexto escolar.

Recursos Pedagógicos

Outro elemento relevante para a consecução das metas educacionais é a oferta de recursos indispensáveis para a execução de ações. Diante disso, os docentes foram indagados acerca da disponibilidade de materiais e equipamentos na instituição de ensino, e as seguintes respostas foram coletadas:

P1 – Sim.

P2 – Sim.

P3 – Sim.

P4 – Nem sempre tinha/tem materiais para fazer as atividades do pacto.

A resposta se destaca por sua singularidade, uma vez que, em geral, é comum ouvir queixas sobre a escassez de insumos essenciais para a realização das atividades fundamentais e rotineiras no contexto escolar. Isso, na verdade, revela um aspecto positivo, pois permite a efetivação das ações e das tarefas didático-pedagógicas básicas.

Número de alunos por sala

Independentemente de determinadas condições, sejam elas materiais e/ou imateriais, algo que interfere no andamento das aulas e no rendimento das turmas é o quantitativo de estudantes. Sobre esse assunto, Cagliari (2007, p. 56-57) afirma que

> [...] nos primórdios, antes da criação da escola pública, a educação era feita de forma individual e/ou, eventualmente, em pequenos grupos, e os professores conseguiam alfabetizar os alunos.
> Com o surgimento das escolas públicas, aquilo que era feito individualmente passou a ser feito de forma coletiva, exigindo mais recursos, tempo e um ambiente propício para o ensino da leitura e da escrita.

Segundo o autor, o currículo, os horários, as cartilhas surgiram para garantir que esse processo ocorresse de forma mais lenta para que o professor não ficasse sem trabalho durante o ano – era preciso alfabetizar gradualmente –, o que parece algo absolutamente contraditório.

No Brasil, essa temática não é abordada de maneira objetiva; a própria LDB restringe-se a definir aspectos como carga horária, faixa etária e outros, sem, no entanto, regulamentar a relação numérica entre alunos e professores nas salas de aula. Por intermédio do Conselho Nacional de Educação (CNE) e de propostas que tramitem no Congresso Nacional, têm sido sugeridas diretrizes e propostas para regularizar o número de alunos por sala. Na tabela a seguir, o CNE destaca as diretrizes:

Tabela 2 – Parecer relação aluno / professor / sala de aula

Educação Básica	N.º Alunos em Sala	N.º Professores em Sala
Creche	13	01
1.º ao 5.º ano	24	01
6° ao 9.º ano	30	01
1.º ao 5.º ano – Educ. Campo	25	01

Fonte: CNE, adaptado pelo autor (2015)

Como mencionado, várias proposições tramitam na Câmara dos Deputados e no Senado Federal, buscando definir a relação numérica professor/aluno por sala de aula, conforme quadro seguinte, adaptado pelo autor.

Tabela 3 – Projetos de lei em tramitação na Câmara dos Deputados e Senado que buscam definir a relação numérica quantidade de aluno / professor / sala

PROJETO DE LEI	NÍVEL ANO	NÚMERO DISCENTES	IDADE DISCENTES	DOCENTES SALA
PLC	CRECHE	05	ATÉ 1 ANO	01
230/2009		08	1 A 2 ANOS	01
CÂMARA		13	2 A 3 ANOS	01
	PRÉ-ESCOLA	15	3 A 4 ANOS	01
	FUND I	25	-	01
PL	PRÉ-ESCOLA	ATÉ 25	-	-
4731/2012	FUNDAMENTAL	ATÉ 25	-	-
SENADO	1.º E 2.º ANOS			-
	FUNDAMENTAL	ATÉ 35	-	-
	3.º AO 9.º ANOS			
PL	CRECHE	ATÉ 06	0 A 1	01
6464/2013		ATÉ 07	1 A 2	01
CÂMARA		ATÉ 10	2 A 3	01
	PRÉ-ESCOLA	ATÉ 15	3 A 4	01
		ATÉ 20	4 A 5	01

Fonte: Fepesp, 2015

Nessa perspectiva, procurou-se identificar quantos estudantes por sala de aula dos professores pesquisados, e de acordo com as respostas dos professores, percebeu-se um equilíbrio nesse aspecto na rede municipal nos anos iniciais.

Tabela 4 – Quantidade de alunos por professor em sala de aula na rede municipal

P1	P2	P3	P4
17	18	22	28

Fonte: dados da pesquisa, 2015

Os dados verificados demonstram equilíbrio com relação ao número de alunos por sala de aula; exceto P4, que possuía um número considerado elevado de alunos para o nível. Mas, em geral, o dado era positivo.

Currículo formal e alfabetização

Sabe-se que a implementação do currículo escolar está vinculada a uma série de fatores e se constitui num dos elementos básicos da educação formal, sendo o fio condutor do processo educacional, em que estão colocadas as visões de mundo, o tipo de homem que se quer formar, função da escola, métodos de ensino e bases teóricas fundantes dos processos de ensino-aprendizagem.

Nessa linha, currículo não consiste apenas no rol de conteúdos programáticos, pelo contrário, corresponde a concepções de mundo, de aprendizagem, espaços de disputas de poder etc. Na visão de Veiga (2003), é preciso considerar que o currículo não é um instrumento neutro; que o currículo não pode ser separado do contexto social; que a organização curricular precisa ser repensada na perspectiva da horizontalidade e da integração dos conhecimentos disciplinarizados e a necessidade do controle social em sua elaboração e organização no âmbito escolar.

É por meio desse caminho que se formam os sujeitos presentes no ambiente escolar, enquanto sujeitos humanizados por meio dos valores, intenções e conceitos difundidos no ambiente escolar, daí para Saviani (2000, p. 11):

> [...] a natureza humana não é dada ao homem, mas é por ele produzida sobre a base da natureza bio-física. Consequentemente, o trabalho educativo é o ato de produzir, direta e intencionalmente, em cada indivíduo singular a humanidade que é produzida histórica e coletivamente elo conjunto dos homens.

Pensando-se, portanto, que o processo de alfabetização é ferramenta essencial para o ser humano, no bojo do atual contexto histórico, em função de todo avanço da humanidade do ponto de vista dos conhecimentos; refletir sobre o currículo, na perspectiva abordada aqui, é extremamente necessário, visando encontrar um formato que favoreça a alfabetização das crianças no ciclo I.

Nesse sentido, questionou-se os professores sobre a relação currículo x alfabetização, por meio da seguinte questão: como você administra a questão alfabetização (ter que ensinar os alunos a ler e escrever) x estrutura curricular (cumprir os conteúdos previstos na estrutura curricular/livros)? b) Os conteúdos programáticos atrapalharam o processo de alfabetização? c) E se o rol de conteúdos fosse menos detalhado, teria algum efeito na alfabetização? d) Por quê?

A seguir, serão apresentadas as respostas obtidas, destacando as percepções dos professores sobre essas questões e suas implicações no processo de ensino e aprendizagem.

P1 – (a) Sem maiores problemas, quase sempre envolvo leituras na aplicação dos conteúdos programáticos. b) Não. c) Seria melhor. d) Poderia se deter mais em atividades diretamente ligadas à alfabetização.

P2 – (a) É muito conteúdo, e termina atrapalhando o processo de alfabetização. b) Não. c) Seria melhor; mas eu foco na questão da leitura e escrita. d) Mais foco na alfabetização.

P3 – (a) Sem maiores problemas, quando posso, articulo os conteúdos para trabalhar alfabetização. Agora, depois do pacto, percebo que dá é pra trabalhar todos os conteúdos... Risos. b) Não. c) Seria melhor. d) Menos conteúdos seria melhor pra atingir a alfabetização.

P4 – (a) Trabalho os conteúdos conforme as necessidades dos alunos. Não necessariamente cumpre o livro capa a capa. b) Sim, em virtude do multisseriado. De certa forma, atrapalha em virtude de ter que cumprir o livro. c) Sim. d) Caso os conteúdos fossem mais resumidos favoreceria uma atividade mais significativa. Em geral, os professores pesquisados apresentaram, com maior ou menor ênfase, como problema a extensa lista de conteúdos programáticos a serem cumpridos durante o ano letivo, mesmo nos casos em que as professoras, no primeiro momento, falam que "não via como problema", porém aponta que uma quantidade menor de conteúdos programáticos permitiria um trabalho com mais foco na alfabetização.

Conforme as opiniões e perspectivas dos educadores, é pertinente realizar uma reflexão acerca da estrutura curricular, considerando a importância da alfabetização para que a criança trilhe um caminho de êxito no ambiente escolar (Saviani, 2000 *apud* Marsiglia, 2010, p. 115):

> A escola existe, [...] para propiciar a aquisição dos instrumentos que possibilitam o acesso ao saber elaborado (ciência), bem como o próprio acesso aos rudimentos desse saber. As atividades da escola básica devem organizar-se a partir dessa questão. Se chamarmos isso de currículo, poderemos então afirmar que é a partir da saber sistematizado que se estrutura o currículo da escola elementar. Ora, o saber sistematizado, a cultura erudita, é uma cultura letrada, Daí que a primeira exigência para o acesso a esse tipo de saber seja aprender a ler e escrever.

Assim, considerando que a alfabetização representa um dos pilares fundamentais do ensino básico, é imprescindível, segundo a perspectiva deste estudo, refletir sobre a estrutura curricular com essa finalidade em mente, devendo-se enfatizá-la nas deliberações acerca da elaboração dos currículos escolares.

Formação continuada no contexto do PNAIC

A formação dos professores inegavelmente é um aspecto fundamental no âmbito educacional e possui uma forte ligação com resultados nesse setor, levando em conta, evidentemente, os contextos, em que se passam o ensino e a aprendizagem, pela presença de outras variáveis intervenientes nos resultados da ação. Para Freire (2005, p. 91) o educador deve ter segurança e competência profissional:

> A segurança com que a autoridade docente se move implica outra, a que se funda na sua competência profissional. Nenhuma autoridade docente se exerce ausente desta competência. O professor que não leve a sério sua formação, que não estuda que não se esforce para estar à altura de sua tarefa não tem força moral para coordenar as atividades de sua classe. Isto não significa, porém, que a opção e a prática democrática do professor ou da professora sejam determinadas por sua competência científica. Há professoras cientificamente preparados, mas autoritários a toda prova. O que quero dizer é que a incompetência profissional desqualifica a autoridade do professor.

Dada essa importância, procurou-se saber de quais ações formativas os professores têm participado, quais as percepções a respeito desses programas e quais as semelhanças e diferenças com o PNAIC, obtendo as seguintes respostas:

P1 – a) Pró-Letramento; b) Sim, mais bem direcionado, para a prática, para o quotidiano.

P2 – Prof.ª; Pró-Letramento; b) Sim, pois direcionado mais para a parte da prática.

P3 – (a) Trilhas; Pró-Letramento; PCNs; PNAIC. b) Sim, melhoras as práticas, por meio da sequência didática.

P4 – (a) Prof.ª b) Estabelecer um período para alfabetizar os estudantes com 8 anos.

Há uma percepção de que o PNAIC dialoga melhor com as necessidades do trabalho pedagógico, contribuindo com a elaboração de uma rotina, melhorando, consequentemente o trabalho docente. A professora **P4** destacou o fato de o programa definir um período em que as crianças devam ser alfabetizadas "A diferença do Pacto é estabelecer a idade de oito anos para alfabetizar as crianças".

Essa definição não está presente na legislação brasileira, assim como nas diretrizes dos programas anteriores. Essa orientação é clara e enfática, enfatizando a idade em que a criança deve estar alfabetizada. Além disso, a estratégia do programa abrange de maneira mais robusta os estudos sobre os aspectos teórico-práticos da prática pedagógica, estabelecendo um diálogo com a pesquisa de Giorgi *et al.* (2010), que identificou que 18,6% e 18,0% disseram que os cursos de formação deveriam possuir um formato em que as atividades concretas/realidade deveriam estar totalmente contempladas.

Sobre o programa em si, todos os professores que responderam à questão conferiram nota 10, indicando um elevado nível de satisfação:

Quadro 5 – Percepção dos professores relativos a alguns aspectos do PNAIC

PROF/ ASPECTOS	P1	P2	P3	P4
INTERESSE PNAIC	ALTO INTERESSE	ALTO INTERESSE	ALTO INTERESSE	RAZOÁVEL INTERESSE
BOLSA PNAIC	IMPORTANTE	INCENTIVO BACANA	MUITO IMPORTANTE	IMPOR-TÂNCIA RELATIVA
VIABILIDADE PNAIC	ALTAS POSSI-BILIDADES	GRANDES POSSIBILI-DADES	ALTAS POSSI-BILIDADES	GRANDES POSSIBILI-DADES

Fonte: dados da pesquisa, 2014

Gráfico 4 – Motivos que tornam o PNAIC diferenciado de programas anteriores

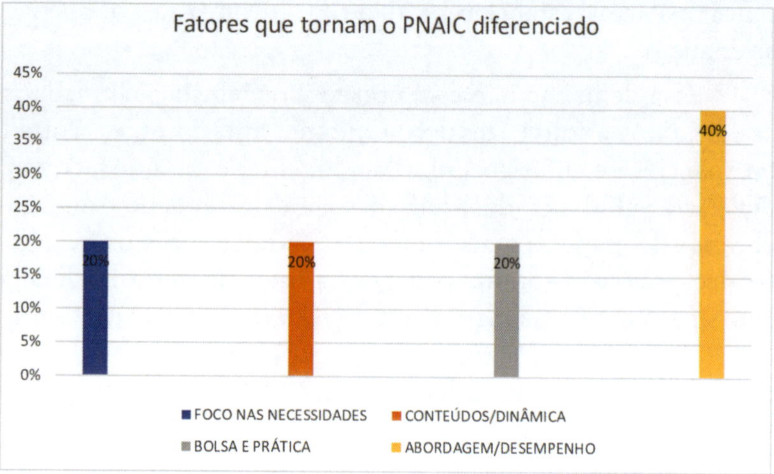

Fatores que tornam o PNAIC diferenciado

- FOCO NAS NECESSIDADES: 20%
- CONTEÚDOS/DINÂMICA: 20%
- BOLSA E PRÁTICA: 20%
- ABORDAGEM/DESEMPENHO: 40%

Fonte: dados da pesquisa, 2014

Planejamento escolar no contexto do PNAIC

Sobre esse ponto, as questões foram as seguintes: a) Durante as reuniões de planejamento, o espaço disponibilizado para reflexão sobre o ensino da leitura e da escrita é suficiente, insuficiente, razoável? b) Você está acompanhando a turma que trabalhou em 2013? c) Após o estudo do Módulo I houve planejamento e avaliação, conforme proposto no Manual do PNAIC? d) Na sua ótica houve mobilização da sociedade em torno dos objetivos do programa por parte da gestão das escolas?

Quadro 6 – Levantamento de informações sobre a efetivação de determinados requisitos do PNAIC nas escolas pesquisadas do município de São Tomé

PROFESSOR/ ASPECTOS	P1	P2	P3	P4
PLANEJAMENTO/ ALFABETIZAÇÃO	INSUFI-CIENTE	INSUFI-CIENTE	SIM	RAZOÁVEL

PROFESSOR/ ASPECTOS	P1	P2	P3	P4
AVALIAÇÃO DIRETRIZES PNAIC	EM PARTE	EM PARTE	SIM	EM PARTE
ACOMPANHAMENTO DAS TURMAS	NÃO	NÃO	NÃO	NÃO
MOBILIZAÇÃO SOCIAL	NÃO	NÃO	NÃO	NÃO

Fonte: dados da pesquisa, 2015

Nota-se a distância entre alguns requisitos do programa, como o acompanhamento das turmas; avaliação e mobilização social – na ótica dos professores interrogados. Nenhum dos itens pactuados pelo programa obteve avaliação satisfatória, exceto a manutenção do professor na mesma turma, durante o ciclo, indicando fragilidade na sua implementação e nos resultados. Ainda sobre essa questão, a coordenação geral do programa possui uma visão que não se contrapõe totalmente à dos docentes, mas traz em seu interior algumas interpretações distintas; pontuando a importância do "incentivo financeiro dado aos profissionais participantes do programa", refletindo num "alto interesse e boa participação dos professores", e que o programa oferece subsídios práticos para o trabalho do professor.

Para o coordenador geral, o PNAIC tem muitos diferenciais com relação a programas anteriores na área da alfabetização. Na ótica dele, ainda, houve uma boa mobilização social em torno do programa, por meio de reuniões, que propiciaram "um bom envolvimento das pessoas, através, por exemplo, das reuniões de pais e mestres, quando o professor falou do programa, das ações em sala de aula". Ele acredita que os momentos destinados para planejamento se ampliaram, mesmo sabendo que "precisaria mais tempo" para estudos sobre leitura e escrita e de uma comunicação mais efetiva com os agentes do Programa Mais Educação.

O papel e a visão do coordenador pedagógico escolar

O coordenador pedagógico é aquele profissional que faz o elo no ambiente escolar entre os diversos segmentos, criando possibilidades, apontando possíveis soluções, buscando contornar divergências e encaminhar soluções relevantes. Acima de tudo, o coordenador pedagógico possui como atribuição precípua preocupar-se e ocupar-se com os processos de ensino-aprendizagem, intervindo por meio da formação contínua dos professores, desenvolvendo mecanismos que auxiliem docentes e estudantes no ensino e na aquisição de conhecimentos, formulando propostas e projetos que contribuam com a elevação da qualidade do ensino.

Questionada sobre a sua participação no programa, CP1 diz que o conhece, mas que não participa "em função da falta de incentivo para participar do programa, visto que o coordenador não possui vagas para inscrição e, consequentemente, da não obrigatoriedade". Para ela, o PNAIC tem produzido efeitos positivos no processo de alfabetização das crianças do 2.º ao 3.º ano, "o que falta é uma aplicação mais continuada das atividades". Também faltou, na ótica da coordenadora pedagógica, mobilização da sociedade em torno dos objetivos do programa por parte da gestão das escolas, ficando essa ação sob a responsabilidade "dos professores na própria escola, junto aos pais", adicionada "à ausência de comunicação/interação com agentes (monitores/coordenadores) do Programa Mais Educação".

Capítulo 7

IMPACTOS DO PNAIC NA ALFABETIZAÇÃO DAS CRIANÇAS: DADOS DOS PROFESSORES E DA ANA

Indicadores do PNAIC: avaliação dos professores do 4.º ano

No primeiro momento, investiguei a quantidade de alunos que chegaram alfabetizados no início do ano letivo de 2015. Os professores das turmas do quarto ano do ensino fundamental trouxeram dados que ressaltam a necessidade premente de intensificar as ações voltadas para o processo de alfabetização nos anos iniciais na nossa cidade, em função da quantidade elevada de estudantes não alfabetizada nesta etapa de ensino. Para uma melhor compreensão, consulte a tabela a seguir.

Tabela 5 – Número de alunos por sala no início de 2015 e relação com o número de alfabetizados em turmas do 4.º/5.º ano do Ensino Fundamental

PROFESSOR/SITUAÇÃO DA ALFABETIZAÇÃO DOS ESTUDANTES	P5	P6	P7	P8	P9
NÃO ALFABETIZADOS	15	22	07	16	05
ALFABETIZADOS	07	04	04	16	05
TOTAL	22	26	14	32	10

Fonte: dados da pesquisa, 2015

Os dados coletados nas três escolas urbanas e nas duas escolas rurais indicam que, no início de 2015, 60,56% dos alunos do quarto ano ainda não haviam alcançado a alfabetização. Isso nos leva a concluir que os objetivos do programa ainda não foram plenamente realizados.

É importante ressaltar, contudo, que o programa estava apenas em sua fase inicial, necessitando, conforme Belloni *et al.* (2007, p. 9), de um tempo adicional para uma avaliação completa, dado que os resultados:

> [...] oferecem poucos subsídios para a apreciação de resultados de políticas e ações institucionais quando as atividades avaliadas têm resultados ou consequências difusas, como é o caso de ações educacionais. Uma política educacional ou as ações de uma instituição educacional podem ter resultados que são difusos no tempo (curto, médio e longo prazo), entre vários tipos de beneficiários (diretos e indiretos) e de várias ordens (qualificação para o trabalho e conhecimento de direitos sociais, por exemplo). A avaliação institucional e de políticas públicas torna-se mais relevante quando pode oferecer informações não apenas sobre impacto, mas sobre resultados ou consequências mais amplas e difusas das ações desenvolvidas. Nesse sentido, a avaliação deve abranger o processo de formulação e implementação das ações e os resultados. Torna-se, assim, instrumento fundamental para a tomada de decisão e para o aperfeiçoamento ou reformulação das ações desenvolvidas.

Nesse contexto, esses resultados devem ser analisados sob a perspectiva da conexão e repercussão de diversos fatores e dinâmicas em relação ao fenômeno da alfabetização de uma parcela significativa das crianças brasileiras, compreendendo que as políticas, conforme afirmam Ball e Mainardes (2011, p. 13):

> Envolvem confusão, necessidades (legais e institucionais), crenças e valores discordantes, incoerentes e contraditórios, pragmatismo, empréstimos, criatividade e experimentações, relações de poder assimétricas (de vários tipos), sedimentação, lacunas e espaços dissenso e constrangimentos materiais e contextuais.

Indicadores do impacto do PNAIC: dados da ANA

Por outro lado, procurou-se identificar o impacto do programa, por meio dos dados da Avaliação Nacional da Alfabetização – ANA 2013/2014 –, aplicada pelo MEC, nas escolas brasileiras, mais especificamente nas turmas do 3.º ano do ensino fundamental, tendo sido aplicada em duas escolas da zona urbana de São Tomé, as escolas José Euzébio e José Aribaldo.

Dados Gerais da Rede – Nível I em Leitura e Escrita

Os dados referentes aos anos de 2013 e 2014, analisados pela ANA, revelaram uma leve diminuição no índice de crianças no nível I de leitura na rede; por outro lado, no que diz respeito à escrita, notou-se uma queda mais expressiva, resultando em um aprimoramento nas competências de leitura e escrita dos alunos, em virtude da diminuição do número de estudantes com habilidades extremamente limitadas nessas áreas. Embora tenha sido identificada uma variação negativa, o desempenho em leitura dos alunos da escola José Euzébio apresentou desafios.

Gráfico 5 – Dados da ANA na rede municipal de ensino de São Tomé/RN 2013-2014

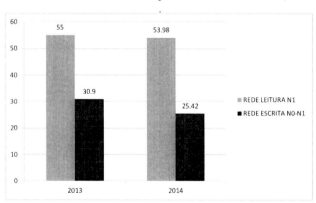

Fonte: Inep/ANA/2015, adaptado pelo autor
Dados por Escola – Nível I em Leitura e Escrita

Gráfico 6 – Dados da ANA da E.M. José Euzébio, São Tomé-RN 2013-2014

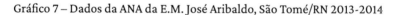

Fonte: Inep/ANA/2015, adaptado pelo autor

Gráfico 7 – Dados da ANA da E.M. José Aribaldo, São Tomé/RN 2013-2014

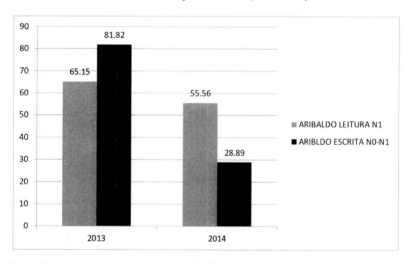

Nota: de acordo com os critérios definidos pelo MEC, os alunos nos níveis de leitura 0 e I não possuem a habilidade de ler e escrever convencionalmente.
Fonte: Inep/ANA/2015, adaptado pelo autor

Dados Gerais da Rede – Níveis III e IV em Leitura e Escrita

Os dados a seguir referem-se ao índice de alunos que estão alfabetizados e distribuídos, conforme desempenho na prova, nos níveis 3, 4 e 5, referente à leitura e à escrita. Dentre os dados apresentados, destaca-se o aumento de alunos nos níveis 3 e 4.

Gráfico 8 – Dados da ANA da rede municipal de ensino de São Tomé-RN – Níveis 3 e 4 2013-2014

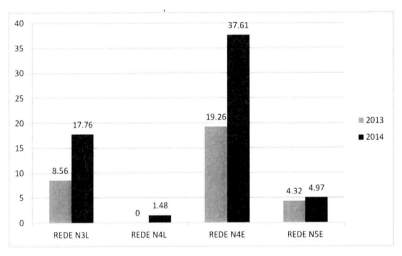

Fonte: Inep/ANA/2015, adaptado pelo autor

Gráfico 9 – Dados da ANA da E.M. José Aribaldo – São Tomé-RN, Níveis 3 e 4 – 2013/2014

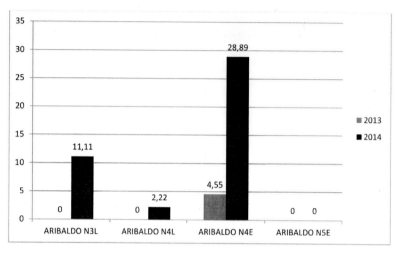

Fonte: Inep/ANA/2015, adaptado pelo autor

Gráfico 10 – Dados da ANA da E.M. José Euzébio – São Tomé-RN, Níveis 3 e 4 – 2013/2014

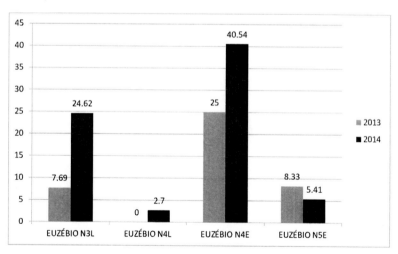

Nota: de acordo com os critérios definidos pelo MEC, os alunos nos níveis de leitura 3 e 4 possuem a habilidade de ler e escrever convencionalmente.
Fonte: Inep/ANA/2015, adaptado pelo autor

Capítulo 8

O QUE FAZER PARA ALFABETIZAR TODAS AS CRIANÇAS?

Os resultados do estudo revelaram que 60,56% dos alunos das turmas analisadas ingressaram no 4.º ou 5.º anos dois anos após a implantação do programa, sem o domínio da leitura e da escrita, mostrando que o município de São Tomé não havia atingido plenamente a meta de alfabetizar todas as crianças até os oito anos de idade.

Em contrapartida, os dados da ANA 2013-2014 revelaram progressos em alguns níveis na alfabetização infantil, embora ainda distantes do objetivo estabelecido. Foi muito importante observar, também, o reconhecimento do problema por parte do município, que alocou recursos técnicos e financeiros, além da aceitação do programa pelos profissionais envolvidos.

Essas informações indicam, portanto, que, apesar das legislações e programas existentes, o analfabetismo infantil persistia – e ainda persiste – em São Tomé e em muitos municípios brasileiros, desafiando os esforços teóricos e práticos nesta área e requerendo um trabalho mais intenso para a superação rápida desse obstáculo em nossa educação.

Não se trata de uma responsabilidade exclusiva de A ou B. Por isso, as discussões e propostas apresentadas nesta obra visaram abordar o problema de maneira abrangente, buscando apontar diferentes caminhos e soluções para essa questão. É fundamental reconhecer que a eliminação do analfabetismo infantil está atrelada a políticas públicas efetivas (sob a responsabilidade de todas as esferas governamentais, especialmente os municípios), a esforços tanto individuais quanto coletivos, e a um entendimento social – a comunidade deve reconhecer a relevância de assegurar que todos tenham acesso ao aprendizado da leitura e da escrita, para todas as crianças, nos primeiros anos do ensino fundamental.

Nesse contexto, torna-se fundamental o planejamento, a execução e a supervisão de iniciativas nesta área, como a formação contínua de professores e demais profissionais do ensino fundamental I, com ênfase na alfabetização; a oferta de aulas de reforço escolar, preferencialmente no contraturno, para alunos que apresentam dificuldades na aprendizagem de leitura e escrita, de maneira individualizada ou em grupos reduzidos; reorganização do currículo escolar no ciclo da alfabetização; a disponibilização de recursos tradicionais e tecnológicos para uso pedagógico em sala de aula por parte de professores e alunos; a adequação da quantidade de estudantes por sala de aula (limitando-se a 20 alunos); o cumprimento rigoroso do calendário escolar (200 dias letivos); a criação ou melhoria das bibliotecas escolares; o estímulo constante à participação ativa das famílias; a consideração dos aspectos pessoais, sociais e culturais dos estudantes que podem impactar o processo de aprendizagem; o desenvolvimento sistemático de atividades voltadas para a consciência fonológica, associadas ao aprimoramento da oralidade e à ampliação do vocabulário; entre outras ações.

Essas iniciativas proporcionarão, de maneira concreta e eficaz, condições mais propícias para a alfabetização e, por consequência, a inclusão real de todas as crianças no universo da leitura. Isso permitirá que elas compreendam de forma mais aprofundada e façam uso adequado da escrita, tanto na escola quanto no dia a dia (nas práticas sociais) e no exercício de sua cidadania. Assim, nosso sistema educacional terá contribuído para a formação de indivíduos mais livres, críticos, engajados e capacitados, prontos para seguir a trajetória escolar sem obstáculos e para atuar nas transformações necessárias ao desenvolvimento de suas comunidades.

REFERÊNCIAS

AGUIAR, Gustavo. A maioria dos alunos que concluem o 3º ano não sabe ler nem fazer conta. **Correio Braziliense**, Brasília-DF, 25 jun. 2013. Disponível em: https://www.correiobraziliense.com.br/app/noticia/eu-estudante/ensino_educacaobasica/2013/06/25/ensino_educacaobasica_interna,373103/a-maioria-dos-alunos-que-concluem-o-3-ano-nao-sabe-ler-nem-fazer-conta.shtml. Acesso em: 5 fev. 2014.

ALVES, Rubem. **Conversas sobre educação**. Campinas: Verus Editora, 2014.

BALL, Stephen J.; MAINARDES, Jefferson (org.). **Políticas educacionais**: questões e dilemas. São Paulo: Cortez, 2011.

BARBOSA, José Juvêncio. **Alfabetização e leitura**. 2. ed. São Paulo: Cortez, 1994. (Série Formação do Professor, v. 16).

BELLONI, Isaura *et al*. **Metodologia de avaliação em políticas públicas**. 4. ed. São Paulo: Cortez, 2007.

BRAGHIROLLI, Elaine Maria; BISI, Guy Paulo; RIZZON, Luiz Antonio; NICOLETTO, Ugo. **Psicologia geral**. 31. ed. Petrópolis: Vozes, 2012. 235 p.

BRANDÃO, Carlos Rodrigues. **O que é educação?** São Paulo: Editora Brasiliense, 2013.

BRASIL. Decreto nº 7.083, de 27 de janeiro de 2010. Dispõe sobre o Programa Mais Educação. **Diário Oficial da União**: seção 1, Brasília, DF, 28 jan. 2010. Disponível em: https://www.planalto.gov.br/ccivil_03/_ato2007-2010/2010/decreto/d7083.htm. Acesso em: jan. 2014.

BRASIL. Lei nº 11.274, de 6 de fevereiro de 2006. Altera a redação dos arts. 29, 30, 32 e 87 da Lei nº 9.394, de 20 de dezembro de 1996, que estabelece as diretrizes e bases da educação nacional, dispondo sobre a duração de nove anos para o ensino fundamental. **Diário Oficial da União**: seção 1, Brasília, DF, 7 fev. 2006. Disponível em: https://www.planalto.gov.br/ccivil_03/_ato2004-2006/2006/lei/l11274.htm. Acesso em: jan. 2014.

BRASIL. Lei nº 13.005, de 25 de junho de 2014. Aprova o Plano Nacional de Educação – PNE e dá outras providências. **Diário Oficial da União**, Brasília, DF: Poder Legislativo, 26 jun. 2014. Disponível em: http://www. planalto.gov.br/ccivil_03/_ato2011-2014/2014/lei/l13005.htm. Acesso em: 10 jan. 2015.

BRASIL. Lei nº 13.005, de 25 de junho de 2014. Aprova o Plano Nacional de Educação - PNE, estabelece diretrizes, objetivos e estratégias para a educação no Brasil. **Diário Oficial da União**: seção 1, Brasília, DF, 26 jun. 2014. Disponível em: http://www.planalto.gov.br/ccivil_03/_ato2011-2014/2014/lei/l13005.htm. Acesso em: fev. 2014.

BRASIL. Lei nº 9.394, de 20 de dezembro de 1996. Estabelece as diretrizes e bases da educação nacional. **Diário Oficial da União**: seção 1, Brasília, DF, 23 dez. 1996.

BRASIL. Ministério da Educação. Fundo Nacional de Desenvolvimento da Educação. **Manual do Programa Mais Educação**: 2013. Brasília: FNDE, 2013. Disponível em: https://www.fnde.gov.br/phocadownload/fnde/legislacao/resolucoes/2013/manual%20mais%20educacao%202013_final%20fnde.pdf. Acesso em: jan. 2014.

BRASIL. Ministério da Educação. **Mais educação**: caderno de orientações para implantação do programa. Brasília: MEC. Disponível em: http://portal.mec.gov.br/arquivos/pdf/mais_educacao.pdf. Acesso em: jan. 2014.

BRASIL. Ministério da Educação. Secretaria de Educação Básica. Diretoria de Apoio à Gestão Educacional. **Pacto nacional pela alfabetização na idade certa**: formação do professor alfabetizador: caderno de apresentação. Brasília: MEC, SEB, 2012.

BRASIL. Portaria Normativa Interministerial n.º 17, de 24 de abril de 2007. Dispõe sobre o Programa Mais Educação. **Ministério da Educação**. Disponível em: http://portal.mec.gov.br/arquivos/pdf/mais_educacao. pdf. Acesso em: jan. 2014.

BRASIL. Resolução FNDE nº, 4 de 27 de fevereiro de 2013. Estabelece orientações e diretrizes para o pagamento de bolsas de estudo e pesquisa para a Formação Continuada de Professores Alfabetizadores, no âmbito do Pacto Nacional pela Alfabetização na Idade Certa. **Diário Oficial da União**, Brasília, DF, 27 fev. 2013. Disponível em: http://www.fnde.gov.br/fnde/legislacao/resolucoes/item/4306-resolu%C3%A7%C3%A3o-cd-fnde-n%C2%BA-4,-de-27-de-fevereiro-de-2013. Acesso em: 23 ago. 2014.

CAGLIARI, Luiz Carlos. Alfabetização: duelo dos métodos. *In:* SILVA, Ezequiel Theodoro da (org.). **Alfabetização no Brasil**: questões e provocações da atualidade. Campinas: Autores Associados, 2007. p. 51-72.

CAGLIARI, Luiz Carlos. Alfabetização: o duelo dos métodos. *In:* SILVA, Ezequiel Theodoro da (org.). **Alfabetização no Brasil**: questões e provocações da atualidade. Campinas: Mercado de Letras, [2007]. p. 51-72.

CALLEGARI, César (coord.). **Pacto Nacional Pela Alfabetização na Idade Certa – Bloco 01 – 25/09/2012**. Brasília, DF: MEC, 2013. Disponível em: http://centraldemidia.mec.gov.br/index.php?option=com_hwdmediashare&view=mediaitem&id=1784:videoconferencia-pacto-nacional--pela-alfabetizacao-na-idade-certa-bloco-01-25-09-2012&filter_mediaType=4&Itemid=444. Acesso em: 20 ago. 2014.

CAMACHO, Rodrigo Simão; ALMEIDA, Rosemeire A. de. Os parâmetros curriculares nacionais (PCNs) do ensino fundamental em debate. **Revista Formação**, [*s. l.*], v. 1, n. 15, p. 36-60, 2008. Disponível em: http://revista.fct.unesp.br/index.php/formacao/article/viewFile/734/748. Acesso em: 3 abr. 2015.

CAMPOS, Casemiro de Medeiros. **Gestão escolar e docência**. São Paulo: Paulinas, 2014.

CENSO 2010: cai taxa de analfabetismo no País. **O Nacional**, Passo Fundo-RS, 16 nov. 2011. Disponível em: https://www.onacional.com.br/brasil,5/2011/11/16/censo-2010-cai-taxa-de-analfabet,6370. Acesso em: 18 fev. 2025.

CISOTTO, Lerida; BARBOSA, Ana Rita de Cássia S. Alfabetização emergente e desenvolvimento de competências na educação infantil. **Revista da FAEEBA – Educação e Contemporaneidade**, Salvador, v. 18, n. 31,

p. 245-255, jan./jun. 2009. Disponível em: http://educa.fcc.org.br/pdf/faeeba/v18n31/v18n31a23.pdf. Acesso em: fev. 2014.

CONSENZA, Ramom M.; GUERRA, Leonor B. **Neurociência e educação:** como o cérebro aprende. Porto Alegre: Artmed, 2011.

COSTA, Ana Maria Nicolaci da. Revoluções tecnológicas e transformações subjetivas. **Psicologia:** Teoria e Pesquisa, Brasília-DF, v. 18, n. 2, p. 193-202, maio/ago. 2002. Disponível em: http://www.scielo.br/pdf/ptp/v18n2/a09v18n2.pdf. Acesso em: 6 jan. 2015.

COSTA, Luciana Ferreira da; RAMALHO, Francisca Arruda. **Para onde vai a tecnologia? Ensaio social sobre tecnologia, informação e conhecimento.** 2008. Disponível em: http://bocc.ufp.pt/pag/costa-luciana-ramalho-francisca-para-onde-vai-a-tecnologia.pdf. Acesso em: mar. 2014.

COULMAS, Florian. **Escrita e sociedade.** São Paulo: Parábola Editorial, 2014.

DEFLEUR, Melvin L.; ROKEACH, Sandra Ball. **Teorias da comunicação de massa.** Rio de Janeiro: Zahar, 1993.

DEHAENE, Stanislas. **Os Neurônios da Leitura:** como a ciência explica nossa capacidade de ler. Tradução de Leonor Scliar Cabral. [livro eletrônico]. Porto Alegre: Penso, 2012. Disponível em: https://play.google.com/books/reader?id=SI0kEAAAQBAJ&pg=GBS.PA68&hl=pt_PT. Acesso em: nov. 2014.

DEMO, Pedro. **Pesquisa:** princípio científico e educativo. 14. ed. São Paulo: Cortez, 2014.

FARIA, Cristiano Ferri Soares de. **O parlamento aberto na era da internet:** Pode o povo elaborar com o legislativo na elaboração das leis? Brasília, DF: Câmara dos Deputados, Edições Câmara, 2012.

FELICORI, Carolina Moreira. **Estratégias de aprendizagem, compreensão leitora e regulação emocional:** relações com o sucesso de estudantes no ingresso no ensino médio. 2017. Dissertação (Mestrado em Educação) – Universidade Estadual de Campinas, Campinas-SP, 2017.

Disponível em: https://repositorio.unicamp.br/acervo/detalhe/1048875. Acesso em: 19 jan. 2022.

FEPESP – Federação dos Professores do Estado de São Paulo. Quadro comparativo projetos de lei. **Fepesp**, São Paulo-SP, 18 mar. 2015. Disponível em: http://fepesp.org.br/sites/default/files/noticias/anexos/LIMITE%20 DE%20ALUNOS%20quadro%20comparativo%20projetos%20NOV%20 2013.pdf. Acesso em: 29 mar. 2015.

FRADE, Isabel Cristina Alves da Silva. **Métodos e didáticas de alfabetização**: história, características e modos de fazer de professores: caderno do professor. Belo Horizonte: Ceale/FAE/UFMG, 2005. Disponível em: http://www.ceale.fae.ufmg.br/app/webroot/files/uploads/Col.%20 Alfabetiza%C3%A7%C3%A3o%20e%20Letramento/Col%20Alf.Let.%20 08%20Metodos_didaticas_alfabetizacao.pdf. Acesso em: 3 abr. 2015.

FRAIMAN, Leonardo de Perwin E. **A importância da participação dos pais na educação escolar**. Dissertação (Mestrado em Psicologia) – Instituto de Psicologia, Universidade de São Paulo, São Paulo, 1997. Disponível em: http://leofraiman.com.br/arquivos/Tese%20de%20 Mestrado%20USP.pdf. Acesso em: 21 mar. 2015.

FREIRE, Paulo. **Pedagogia da autonomia**: saberes necessários à prática educativa. 31. ed. São Paulo: Paz e Terra, 2005.

GALVÃO, Ana Mari de Oliveira; PIERRO, Maria Clara di. **O preconceito contra analfabeto**. 2. ed. São Paulo: Cortez Editora, 2013.

GARCIA, Regina Leite (org.). **Alfabetização dos alunos das classes populares**: ainda um desafio. 7. ed. São Paulo: Cortez, 2012. (Coleção Questões da Nossa Época, v. 42).

GIL, Antônio Carlos. **Como elaborar projetos de pesquisa**. 5. ed. São Paulo: Atlas, 2010.

GIORGI, Cristiano Amaral Garboggini D. *et al.* **Necessidades formativas de professores de redes municipais**: contribuições para a formação de professores crítico-reflexivos [on-line]. São Paulo: Editora UNESP; São Paulo: Cultura Acadêmica, 2010. Disponível em: http://livros.universia.

com.br/download/Livros_Academicos/Necessidades-Formativas-de--Professores-de-Redes-Municipais.pdf. Acesso em: nov. 2014.

GUARESI, Ronei; SANTOS, Catiane Silva; MANGUEIRA, Márcia. Abordagem da dislexia na região de Vitória da Conquista na Bahia: uma análise sob a perspectiva neurocientífica. **Letras de Hoje**, Porto Alegre, v. 59, n. 1, p. 49-56, jan./mar. 2015. Disponível em: http://revistaseletronicas.pucrs.br/ojs/index.php/fale/article/view/18872/12870. Acesso em: 20 jun. 2015.

IBGE – Instituto Brasileiro de Geografia e Estatística. **Glossário social.** [*S. l.*]: IBGE, 2015. Disponível em: http://seriesestatisticas.ibge.gov.br/glossario.aspx. Acesso em: 24 abr. 2015.

IBGE – Instituto Brasileiro de Geografia e Estatística. **Indicadores sociais municipais 2010**: incidência de pobreza é maior nos municípios de porte médio. [*S. l.*]: IBGE, 2011. Disponível em: http://www.censo2010.ibge.gov.br/noticias=-censo?view=noticia&id3=&idnoticia2019=&busca1=&t-indicadores-sociais-municipais-2010-incidencia-pobreza-maior-municipios-porte-medio. Acesso em: 8 jan. 2014.

IBGE – Instituto Brasileiro de Geografia e Estatística. Pesquisa Nacional por Amostra de Domicílios. **Síntese de indicadores 2012**. [*S. l.*]: IBGE, 2012. Disponível em: http://biblioteca.ibge.gov.br/visualizacao/livros/liv65857.pdf. Acesso em: 25 jun. 2015.

IBGE – Instituto Brasileiro de Geografia e Estatística. **Rio Grande do Norte » São Tomé » Censo Demográfico 2010**: Resultados da Amostra – Educação. [*S. l.*]: IBGE, 2010. Disponível em: http://www.cidades.ibge.gov.br/xtras/temas.php?lang=&codmun=241290&idtema=105&search=rio-grande-do-norte%7Csao-tome%7Ccenso-demografico-2010:--resultados-da-amostra-educacao. Acesso em: 10 jan. 2015.

IBGE – Instituto Brasileiro de Geografia e Estatística. **Rio Grande do Norte » São Tomé » Mapa de Pobreza e Desigualdade – Municípios Brasileiros – 2003**. [*S. l.*]: IBGE, 2003. Disponível em: http://www.cidades.ibge.gov.br/xtras/temas.php?lang=&codmun=241290&idtema=19&search=rio-grande-do-norte|sao-tome|mapa-de-pobreza-e--desigualdade-municipios-brasileiros-2003. Acesso em: 10 jan. 2015.

Disponível em: https://repositorio.unicamp.br/acervo/detalhe/1048875. Acesso em: 19 jan. 2022.

FEPESP – Federação dos Professores do Estado de São Paulo. Quadro comparativo projetos de lei. **Fepesp**, São Paulo-SP, 18 mar. 2015. Disponível em: http://fepesp.org.br/sites/default/files/noticias/anexos/LIMITE%20 DE%20ALUNOS%20quadro%20comparativo%20projetos%20NOV%20 2013.pdf. Acesso em: 29 mar. 2015.

FRADE, Isabel Cristina Alves da Silva. **Métodos e didáticas de alfabetização**: história, características e modos de fazer de professores: caderno do professor. Belo Horizonte: Ceale/FAE/UFMG, 2005. Disponível em: http://www.ceale.fae.ufmg.br/app/webroot/files/uploads/Col.%20 Alfabetiza%C3%A7%C3%A3o%20e%20Letramento/Col%20Alf.Let.%20 08%20Metodos_didaticas_alfabetizacao.pdf. Acesso em: 3 abr. 2015.

FRAIMAN, Leonardo de Perwin E. **A importância da participação dos pais na educação escolar**. Dissertação (Mestrado em Psicologia) – Instituto de Psicologia, Universidade de São Paulo, São Paulo, 1997. Disponível em: http://leofraiman.com.br/arquivos/Tese%20de%20 Mestrado%20USP.pdf. Acesso em: 21 mar. 2015.

FREIRE, Paulo. **Pedagogia da autonomia**: saberes necessários à prática educativa. 31. ed. São Paulo: Paz e Terra, 2005.

GALVÃO, Ana Mari de Oliveira; PIERRO, Maria Clara di. **O preconceito contra analfabeto**. 2. ed. São Paulo: Cortez Editora, 2013.

GARCIA, Regina Leite (org.). **Alfabetização dos alunos das classes populares**: ainda um desafio. 7. ed. São Paulo: Cortez, 2012. (Coleção Questões da Nossa Época, v. 42).

GIL, Antônio Carlos. **Como elaborar projetos de pesquisa**. 5. ed. São Paulo: Atlas, 2010.

GIORGI, Cristiano Amaral Garboggini D. *et al.* **Necessidades formativas de professores de redes municipais**: contribuições para a formação de professores crítico-reflexivos [on-line]. São Paulo: Editora UNESP; São Paulo: Cultura Acadêmica, 2010. Disponível em: http://livros.universia.

com.br/download/Livros_Academicos/Necessidades-Formativas-de-
-Professores-de-Redes-Municipais.pdf. Acesso em: nov. 2014.

GUARESI, Ronei; SANTOS, Catiane Silva; MANGUEIRA, Márcia. Abordagem da dislexia na região de Vitória da Conquista na Bahia: uma análise
sob a perspectiva neurocientífica. **Letras de Hoje**, Porto Alegre, v. 59, n. 1,
p. 49-56, jan./mar. 2015. Disponível em: http://revistaseletronicas.pucrs.
br/ojs/index.php/fale/article/view/18872/12870. Acesso em: 20 jun. 2015.

IBGE – Instituto Brasileiro de Geografia e Estatística. **Glossário social.**
[*S. l.*]: IBGE, 2015. Disponível em: http://seriesestatisticas.ibge.gov.br/
glossario.aspx. Acesso em: 24 abr. 2015.

IBGE – Instituto Brasileiro de Geografia e Estatística. **Indicadores sociais
municipais 2010**: incidência de pobreza é maior nos municípios de porte
médio. [*S. l.*]: IBGE, 2011. Disponível em: http://www.censo2010.ibge.gov.
br/noticias=-censo?view=noticia&id3=&idnoticia2019=&busca1=&t-
indicadores-sociais-municipais-2010-incidencia-pobreza-maior-munici-
pios-porte-medio. Acesso em: 8 jan. 2014.

IBGE – Instituto Brasileiro de Geografia e Estatística. Pesquisa Nacional
por Amostra de Domicílios. **Síntese de indicadores 2012**. [*S. l.*]: IBGE,
2012. Disponível em: http://biblioteca.ibge.gov.br/visualizacao/livros/
liv65857.pdf. Acesso em: 25 jun. 2015.

IBGE – Instituto Brasileiro de Geografia e Estatística. **Rio Grande do
Norte » São Tomé » Censo Demográfico 2010**: Resultados da Amostra
– Educação. [*S. l.*]: IBGE, 2010. Disponível em: http://www.cidades.ibge.
gov.br/xtras/temas.php?lang=&codmun=241290&idtema=105&sear-
ch=rio-grande-do-norte%7Csao-tome%7Ccenso-demografico-2010:-
-resultados-da-amostra-educacao. Acesso em: 10 jan. 2015.

IBGE – Instituto Brasileiro de Geografia e Estatística. **Rio Grande do
Norte » São Tomé » Mapa de Pobreza e Desigualdade – Municípios
Brasileiros – 2003**. [*S. l.*]: IBGE, 2003. Disponível em: http://www.
cidades.ibge.gov.br/xtras/temas.php?lang=&codmun=241290&idte-
ma=19&search=rio-grande-do-norte|sao-tome|mapa-de-pobreza-e-
-desigualdade-municipios-brasileiros-2003. Acesso em: 10 jan. 2015.

IBGE – Instituto Brasileiro de Geografia e Estatística. **Séries Estatísticas & Séries Históricas Conceitos e Definições – Pesquisas Sociais.** [*S. l.*]: IBGE, 2014. Disponível em: http://seriesestatisticas.ibge.gov.br/pdfs/definicoes_sociais.pdf. Acesso em: 26 out. 2014.

INEP – Instituto Nacional de Estudos e Pesquisas Educacionais Anísio Teixeira (INEP). **Sistema IDEB.** [*S. l.*]: Inep, [2023]. Disponível em: https://app.powerbi.com/view?r=eyJrIjoiMGVjMzIwZWQtM2IzZS00NmE0L-TkwNjUtZjI1YjMyNTVhZGY0IiwidCI6IjI2ZjczODk3LWM4YWMtNGI-xZS05NzhmLWVhNGMwNzc0MzRiZiJ9. Acesso em: 18 mar. 2025.

JALIL, Samira Abdel; PROCAILO, Leonilda. Metodologia de ensino de línguas estrangeiras: perspectivas e reflexões sobre os métodos, abordagens e o pós-método. *In:* CONGRESSO NACIONAL DE EDUCAÇÃO – EDUCERE, 9.; ENCONTRO SUL BRASILEIRO DE PSICOPEDAGOGIA, 3., 2009, Curitiba. **Anais** [...]. Curitiba: PUCPR, 2009.

JEAN Piaget. **Só Pedagogia**, [*s. l.*], 2016. Disponível em: http://www.pedagogia.com.br/biografia/jean_piaget.php. Acesso em: 21 set. 2014.

KOLYNIAK FILHO, Carol. Teoria, prática e reflexão na formação do profissional em Educação Física. **Motriz**, [*s. l.*], v. 2, n. 2, p. 111-115, 1996.

LIBÂNEO, José Carlos. **Didática**. 2. ed. São Paulo: Cortez, 2013.

LOPES, Eliane Marta Teixeira. **As origens da educação pública**: a instrução na revolução burguesa do século XVIII. Belo Horizonte: Argumentum, 2008.

LUCIANO, Gersem dos Santos. **O índio brasileiro**: o que você precisa saber sobre os povos indígenas no Brasil de hoje. Brasília: MEC/SECAD; LACED/Museu Nacional, 2006. 233p. (Coleção Educação Para Todos. Série Vias dos Saberes n. 1).

MANACORDA, Mário Alighiero. **História da educação**: da antiguidade aos nossos dias. São Paulo: Cortez, 1989.

MARCONI, Marina de Andrade; PRESOTTO, Zélia Maria Neves. **Antropologia**: uma introdução. 7. ed. São Paulo: Atlas, 2011.

MARSIGLIA, Ana Carolina Galvão. Relações entre o desenvolvimento infantil e o planejamento de ensino. *In:* MARTINS, Lígia Márcia; DUARTE, Newton (org.). **Formação de professores:** limites contemporâneos e alternativas necessárias [on-line]. São Paulo: Editora Unesp; São Paulo: Cultura Acadêmica, 2010. p. 99-119. Disponível em: http://books.scielo.org/id/ysnm8/pdf/martins-9788579831034-07.pdf. Acesso em: 1 jun. 2023.

MARTINS, Gilberto de Andrade. **Manual para elaboração de monografias e dissertações**. 3. ed. São Paulo: Atlas, 2012.

MARTINS, Gilberto de Andrade; THEÓPHILO, Carlos Renato. **Metodologia da investigação científica para ciências sociais aplicadas**. 2. ed. São Paulo: Atlas, 2009.

MATTOS, Fernando Augusto Mansor de; CHAGAS, Gleison José do Nascimento. Desafios para a inclusão digital no Brasil. **Perspectivas em Ciência da Informação**, Belo Horizonte, v. 13, n. 1, p. 68-86, abr. 2008. Disponível em: https://www.scielo.br/j/pci/a/YCTSyKmxjY4FQcDZRW-ZXxLc/?lang=pt. Acesso em: 14 mar. 2014.

MEC – Ministério da Educação. O que são municípios prioritários? Quais são eles?. **Portal MEC**, Brasília, DF, 2014. Disponível em: http://portal.mec.gov.br/component/content/article?id=13957:o-que-sao-municipios-prioritarios-quais-sao-eles. Acesso em: 10 set. 2014.

MEDEIROS, Josimar de Araújo. **Convivendo com a seca e combatendo a desertificação**: novos olhares. Caicó: Netrograf, 2008.

MEDEIROS, Mário; BEZERRA, Edileuza de Lima. Contribuições das neurociências ao processo de alfabetização e letramento em uma prática do Projeto Alfabetizar com Sucesso. **Rev. Bras. Estud. Pedagog.**, [*s. l.*], v. 96, n. 242, Brasília, DF, jan./abr. 2015. Disponível em: http://revista.ibep.org.br/index.php/EDUCAR/article/view/488. Acesso em: 20 out. 2014.

MORATO, Edwiges Maria. Neurolinguística. *In:* MUSSALIM, Fernanda; BENTES, Anna Christina (org.). **Introdução à linguística**: domínios e fronteiras. 8. ed. São Paulo: Cortez, 2012. v. 2.

NAÇÕES Unidas no Brasil. **Pelo menos 250 milhões de crianças não sabem ler, escrever ou contar em todo mundo, alerta.** [*S. l.*], 18 set. 2013. Disponível em: https://brasil.un.org/pt-br/63710-pelo-menos--250-milh%C3%B5es-de-crian%C3%A7as-n%C3%A3o-sabem-ler-escrever-ou-contar-em-todo-mundo-alerta. Acesso em: 9 jun. 2014.

NEUROCIÊNCIAS na aprendizagem: Estudos apontam que estratégias pedagógicas que compreendem o funcionamento do cérebro tendem a ser mais eficientes. **Revista linha direta**, [*s. l.*], ed. 186, ano 17, set. 2013. Disponível em: http://www.linhadireta.com.br/revistas/arquivos/odm-z4api5tme.pdf. Acesso em: 12 jan. 2015.

NICOLELIS, Miguel. **Made in Macaíba:** a história da criação de uma utopia científico-social no ex-império dos Tapuias. São Paulo: Planeta do Brasil, 2016.

OBSERVATÓRIO DA EDUCAÇÃO DO RN. Estudo sobre a taxa de analfabetismo dos municípios do RN, com base nos censos do IBGE dos anos de 1991, 2000 e 2010. **Observatório da educação do RN**, 2013. Disponível em: http://www.observatoriodaeducacaodorn.org.br/arquivos/136794415851892bdeb66fc970430968.pdf. Acesso em: 8 jan. 2015.

OLIVEIRA, João Ferreira; LIBÂNEO, José Carlos; TOSCHI, Mirza Seabra. Elementos para uma análise crítico-compreensiva das políticas educacionais: aspectos sociopolíticos e históricos. *In*: OLIVEIRA, João Ferreira; LIBÂNEO, José Carlos; TOSCHI, Mirza Seabra (org.). **Educação Escolar**: políticas, estrutura e organização. São Paulo: Cortez, 2007. p. 145-172.

OLIVEIRA, Valéria Mendonça de; SILVA, Maurício da. Uma dinâmica metodológica para o ensino de leitura utilizando as tecnologias de informação: a abordagem global num mundo sem fronteiras. **Letras de Hoje**, Porto Alegre, v. 45, n. 2, p. 78-86, abr./jun. 2010.

PÉREZ, Elizabeth O.; VEGA; FLORES, Silvia Macotela. Alfabetización en niños preescolares: factores que inciden en su desarrollo: estudio piloto. **Lectura y vida**, La Plata, Argentina, v. 26, n. 4, p. 18-29, 2014. Disponível em: http://www.lecturayvida.fahce.unlp.edu.ar/numeros/a26n4/26_04_Perez.pdf. Acesso em: 18 mar. 2025.

QEDU. **São Tomé:** Censo Escolar. São Tomé: QEdu, [ca. 2015]. Disponível em: https://qedu.org.br/municipio/2412906-sao-tome/censo-escolar. Acesso em: 30 jan. 2015.

QUEIROZ, Rita de C. R. de. **A informação escrita:** do manuscrito ao texto virtual. *In*: CINFORM – ENCONTRO NACIONAL DE CIÊNCIA DA INFORMAÇÃO, 6., 2005, Salvador. **Anais** [...]. Salvador: Cinform, 2005. Disponível em: http://www.ufrgs.br/limc/escritacoletiva/pdf/a_info_escrita.pdf. Acesso em: 23 set. 2014.

SAVIANI, D. **Pedagogia histórico-crítica:** primeiras aproximações. 7. ed. Campinas: Autores Associados, 2000.

SCHWARTZ, Cleonara Maria *et al.* (org.). **Estudos de história da alfabetização e da leitura na escola.** Vitória: Edufes, 2010.

SILVA, Fernando Moreno da. As dicotomias saussureanas e suas implicações sobre os estudos linguísticos. **REVELLI** – Revista de Educação, Linguagem e Literatura da UEG, Inhumas, v. 3, n. 2, p. 38-55, 2011.

SILVEIRA, Flávia Furtado; NEVES, Marisa Maria Brito da Justa. Inclusão escolar de crianças com deficiência múltipla: concepções de pais e professores. **Psicologia:** Teoria e Pesquisa, Brasília, DF, v. 22, n. 1, p. 79-88, 2006. Disponível em: http://www.scielo.br/pdf/ptp/v22n1/29847.pdf. Acesso em: 21 mar. 2015.

SOARES, Magda. Letramento e alfabetização: as muitas facetas. *In*: REUNIÃO ANUAL DA ANPED, 26., 2003, Poços de Caldas. **Anais** [...]. Poços de Caldas: UFMG, 2003, p. 5-17.

SOUSA, Waleska Dayse Dias de; LONGAREZI, Andrea Maturano. Referências formativas do formador de professores na constituição da sua práxis pedagógica. **Nuances:** estudos sobre Educação, Presidente Prudente, v. 29, n. 2, p. 34-50, maio/ago. 2018. Disponível em: https://revista.fct. unesp.br/index.php/Nuances/article/view/4427/pdf. Acesso em: fev. 2021.

STAMATTO, Maria Inês Sucupira *et al.* (org.). **Recortes:** momentos da educação norte-rio-grandense. Natal: EDUFRN, 1996.

UNESCO. **Alfabetização como liberdade**. Brasília, DF: Unesco; MEC, 2003. Disponível em: http://unesdoc.unesco.org/images/0013/001303/130300por.pdf. Acesso em: 9 jun. 2014.

VEIGA, Ilma Passos A. **Projeto Político-Pedagógico da escola**: uma construção possível. 16. ed. Campinas: Papirus, 2003.

VEIGA, Ilma Passos Alencastro. **A prática pedagógica do professor de didática**. 11. ed. Campinas: Papirus, 2008.

WOLYNEC, Elisa. **Evolução dos conceitos sobre o cérebro e o processo de aprendizagem**. São Paulo: Techne, 1994. Disponível em: https://ledum.ufc.br/arquivos/didatica/2/Evolucao_Conceitos_Cerebro_Processo_Aprendizagem.pdf. Acesso em: 18 mar. 2025.